JN135177

AIで変わる自治体業務

── 残る仕事、求められる人材

早稲田大学政治経済学術院教授
稲継 裕昭【著】

ぎょうせい

はしがき

新聞や雑誌を開くと、ＡＩ（人工知能）関連の記事があふれるような時代になってきました。テレビをつけると、ＡＩを搭載した商品のコマーシャルが頻繁に流れています。将棋の最年少記録を更新し続けている藤井七段の練習相手はＡＩだとテレビは伝えます。ただ、これらは、新聞やテレビの向こう側だけで起きていることではなく、こちら側、すなわち私たちの生活の中にも深く入り込みつつあるものです。

ＡＩとはあまり縁がないように見えていた自治体業務にもＡＩは徐々に浸透してきています。会議録作成・要約、職員の業務支援（ベテランの知恵を伝授）、災害情報の要約、市民への情報提供、道路補修個所の特定、保育所入所決定など、さまざまな分野の自治体業務においてＡＩ導入の実証実験が進められ、また、実用化が進められつつあります。これまで、こういった情報が断片的に伝えられることはありましたが、それをまとめる形で本にしたものはありませんでした。本書は、自治体に導入されつつある（実証実験が進められつつある）ＡＩについて事例を多く紹介するとともに、今後の導入の可能性、自治体業務はそれによってどう変わるのか、住民サービスはどう変わるのか、自治体で働く職員の業務はどう変わるのか、について書き下ろしたものです。

「ＡＩ」と聞いて、頭ごなしに拒否反応を示す人も少なからずいます。情報保護はどうなるのか、人減らしが始まるのではないか、などさまざまな理由があるでしょう。逆に、ＡＩさえ導入すれば自治体業務の殆どができるようになると楽観論を唱える人もいます。ＡＩを何でも解決できる魔法のツールと過大視するのも危険です。拒否でもなく手放しの賞賛でもなく、冷静な目でＡＩの導入について考える視点が必要です。

ＡＩはその利点と限界を正しく知り利活用することによって、人々の暮らしをよりよくすることに資するものになり得ます。職員の方々を、パソコンに向かって定型業務を繰り返すことから解放して、対象業務により興味をもって知恵を絞ることへとシフトさせてくれるものですし、また、働き方改革にも資するものです。住民にとっては、利便性が増しサービスも向上する。職員の方々にとっては、より生き生きと働くことが可能になる。そのようなことが、五年後、十年後には現実のものとなっているかもしれません。本書がその第一歩となれば幸いです。

二〇一八年九月　　稲継裕昭

目次

第２章　自治体におけるＡＩ活用　…39

序章

私たちの暮らしとＡＩ（人工知能）

私たちはいつの間にか日常生活の中で人工知能（AI：Artificial Intelligence. 以下、特別の場合を除き「ＡＩ」と呼ぶ）を身近に利用するまでになっている。

スマホの音声認識機能や画像認識機能を日々利用している人も多いだろう。例えば、あなたがiPhoneを持っているとすれば、一定の設定をしたうえで、手元のiPhoneに向かって「Hey, Siri」と語りかけてみるとよい。あなたのスマホがアンドロイドの場合は「OK, Google」と語りかけてみればよい。そうすると、スマホがいろいろなことについて答えてくれる。

例えば、近くで昼食をとりたいと思ったら、スマホに向かって「Hey, Siri」（「OK,Google」）（プップッという反応音のあと）「近くの中華」などと呼べばよい。スマホはあなたのいる地点のそばにある中華料理屋の候補をいくつか挙げて読み上げてくれる。その店を特定したあとは、道順を示したり、あるいは、店に電話をかけたりするところまで、スマホに手を触れずに可能だ。

AppleやGoogleがもっているＡＩの音声認識技術、ＧＰＳを使った場所の特定、検索機能、特定の店への経路検索機能などが、スマホを通じて利用者に提供されている。

自宅でAmazon EchoやGoogle Home、Line Clovaを利用している人も増えてきた。

Siri

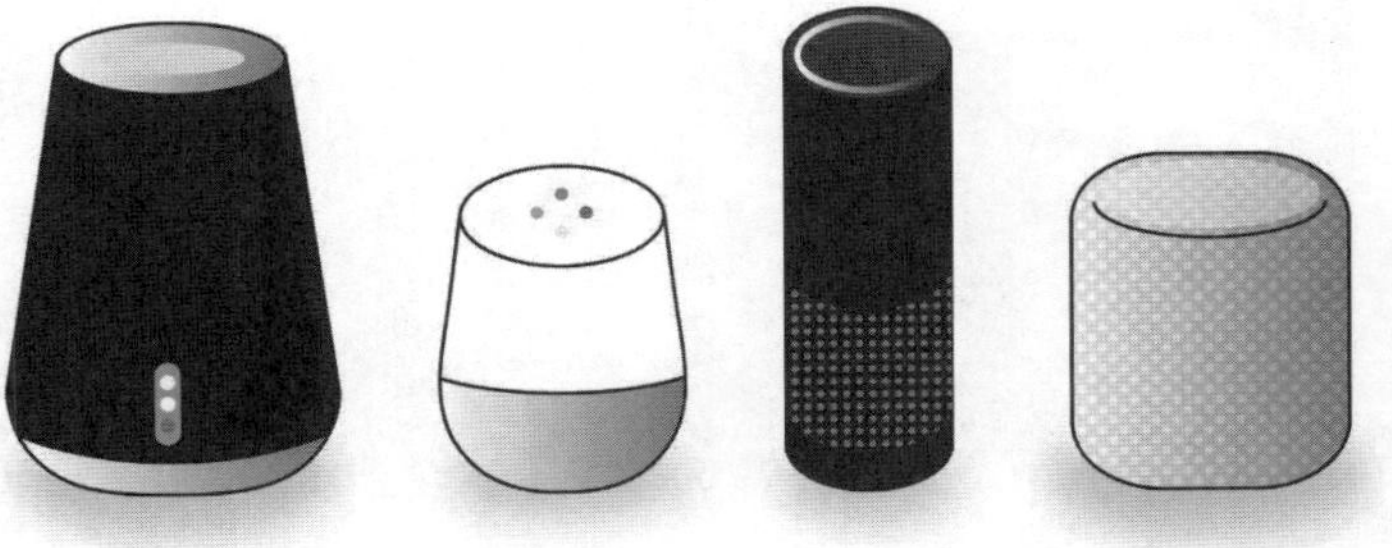

Line Clova　Google Home　Amazon Echo　Apple Home Pod

これらのスマートスピーカー（ＡＩスピーカー）は、単に音楽再生の際のスピーカーとしての機能だけではなく、ニュースの読み上げ、ラジオやPodCast（ポッドキャスト（注1））の再生、アラームやスケジュール管理、スマートホームへの対応（家電操作など。照明のオンオフ、冷暖房のオンオフ）などの機能を、人間との音声対話によって実現している。

ここ数年、ＡＩに関する技術が飛躍的に発展し、さまざまな分野で活用が始まっている。銀行や保険会社へのＷＥＢブラウザやLINEを通じての問い合わせに対して、現在では人間ではなく、ＡＩが答えることが多くなっている。チャットボット（チャットとロボットをかけあわせた言葉）と呼ばれるプログラムは、あらかじめ用意された膨大な量の問答集の中から最適なものをコンピュータが選び出して自動で回答する。問い合わせをしている顧客から見るとあたかも向こう側に人間がいるかのような錯覚に陥るが、問い合わせに対するレスポンスの速さと出てくる情

宅配便のLINEを使ったサービス（イメージ）

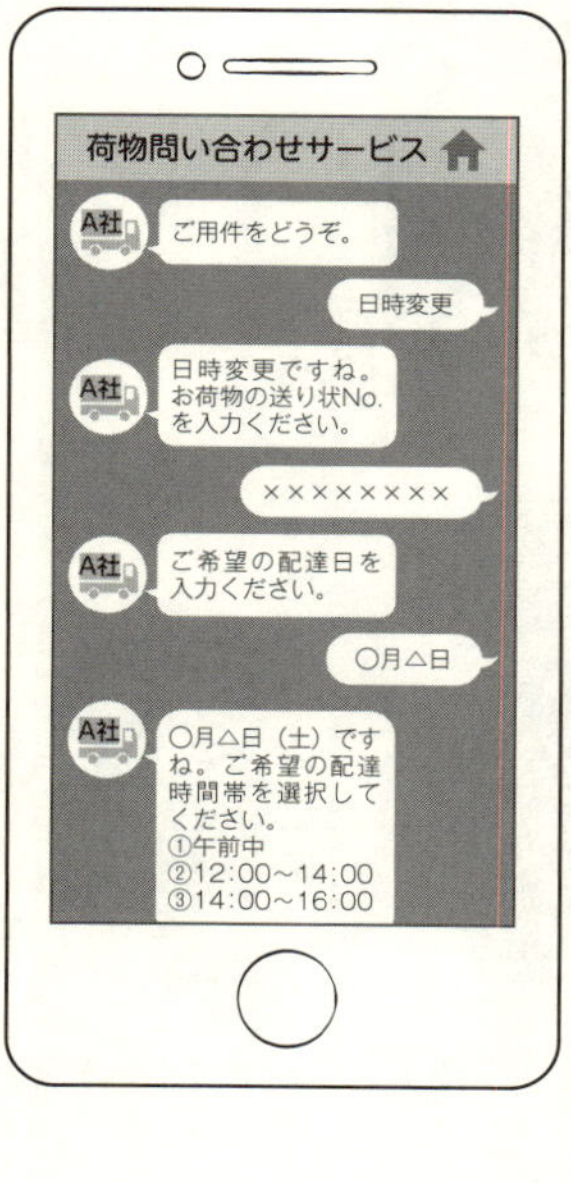

報量の多さから、明らかに人間がタイピングしていないことに気づかされる。

最近では、ＩＢＭ社のＡＩであるワトソンをコールセンターに活用する企業も増えてきた。コールセンターにかかってきた顧客の音声会話をＡＩが認識し、瞬時にオペレーターに対して最適な回答事例やマニュアルをモニター上に表示するものである。顧客は電話口で待たされることが格段に少なくなっているという。三井住友海上火災保険のプレスリリースでは次のように述べられている（注２）。

「本システムは、当社社員やコールセンターのオペレーター等がお客さまや代理店からの問い合わせ内容をＰＣにて文章入力して検索すると、質問内容を分析・解釈し、あらかじめ機械学習した１万件を超えるマニュアル等の情報から、迅速かつ的確に回答候補を一覧にして表示します。また、質問と回答を繰り返すことで、機械学習により回答精度が向上します。さらにコールセンターでは、音声認識技術を導入し、お客さまとオペレーターがやり取りする音声から自動的に回答候補を抽出します。」

さまざまなデータの中から必要なものをピックアップするのもＡＩの得意分野だ。日本経済新聞ではＡＩを活用した決算サマリーの配信を２０１７年にスタートしている。日本経済新聞によると、「上場企業が発表する決算データをもとにＡＩが文章を作成。適時開示サイトでの公表後すぐに、売上や利益などの数字とその背景などの要点をまとめて配信」する。「元データである企業の開示資料から文章を作成し、配信するまでは完全に自動化し、人によるチェックや修正などは一切行いません。」とのことである。上場企業（3600社）の大半に対応し、企業による決算発表後数分で記事が出てくるという。

書籍や生活用品をAmazonで購入する人も多いだろう。購入ボタンをクリックする前後に「よく一緒に購入されている商品」「この商品を買った人はこんな商品も買っています」という

三井住友海上火災保険のコールセンターにおけるワトソン活用イメージ

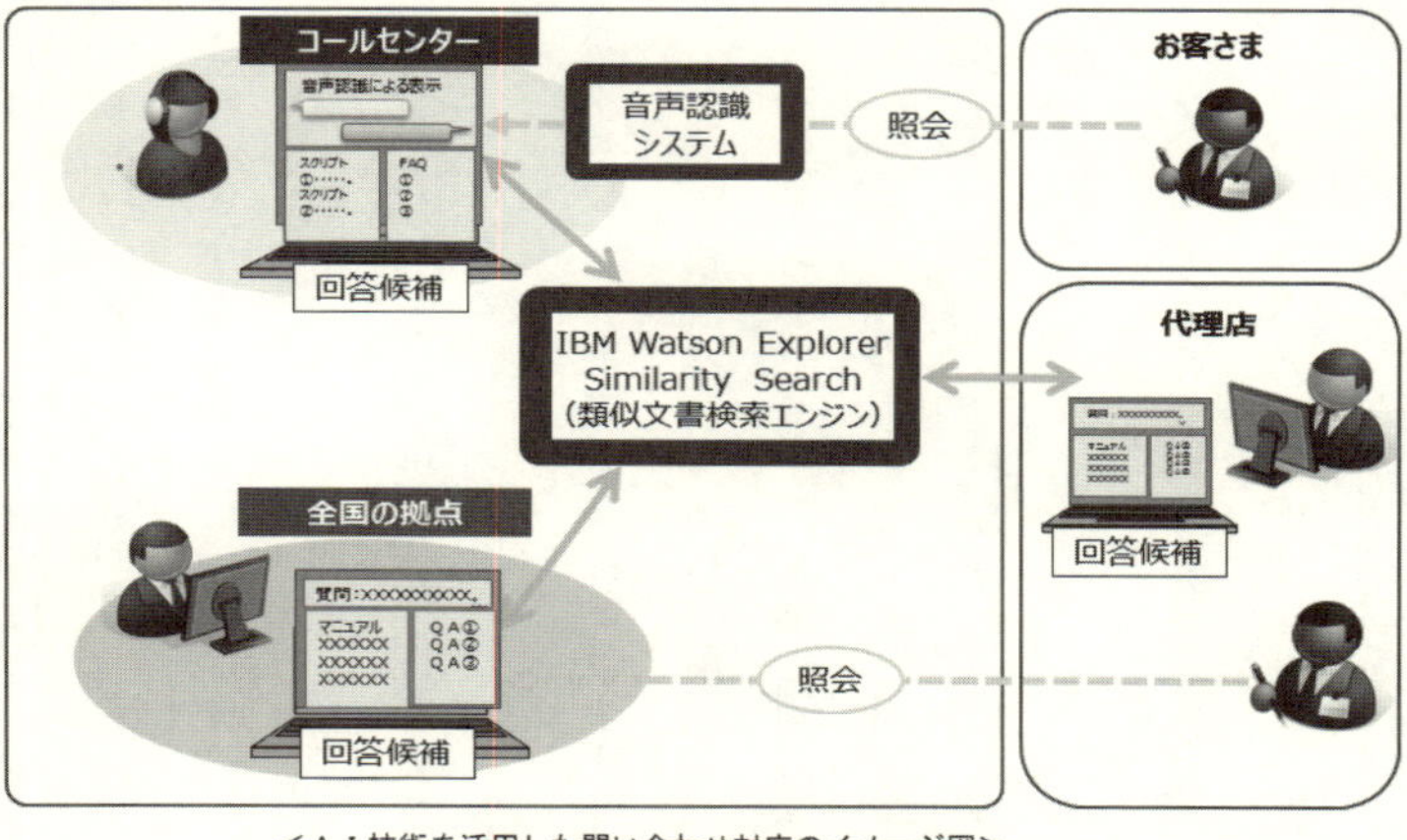

＜ＡＩ技術を活用した問い合わせ対応のイメージ図＞

出典：三井住友海上火災保険ニュースリリース（2017年12月19日）「AI（人工知能）技術を活用した問い合わせ対応の高度化について」
http://www.ms-ins.com/news/fy2017/pdf/1219_1.pdf

決算サマリー作成の流れ

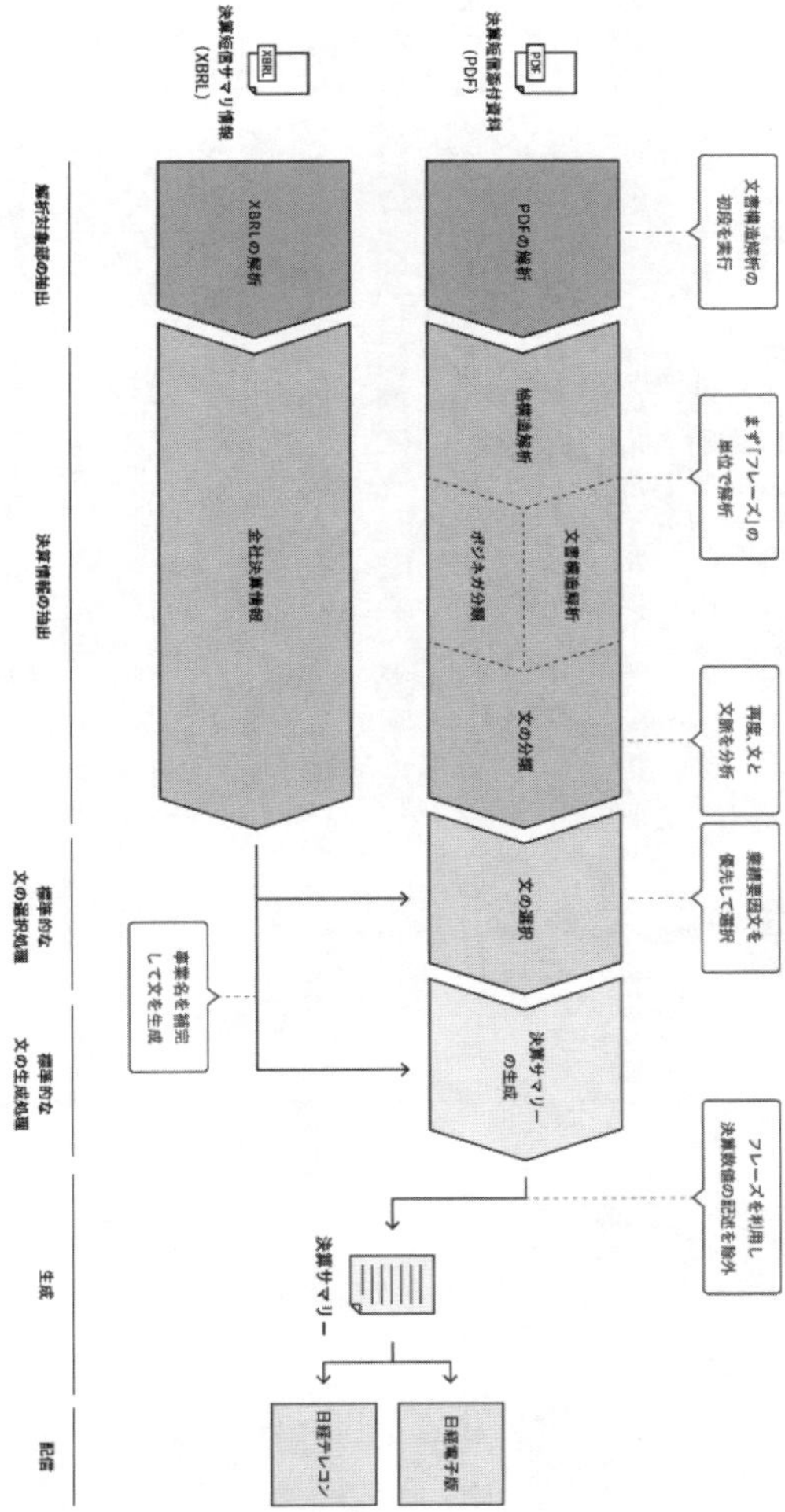

出典：日本経済新聞ウェブページ　http://pr.nikkei.com/qreports-ai/

のが出てきて、ついついつられて買ってしまった経験のある人もいるだろう。その他、「本のおすすめ商品」「閲覧履歴からのおすすめ」「あなたのお買い物傾向から」など、さまざまな角度からのおすすめ商品が一覧で出てくる。これは、「レコメンドエンジン」というシステムが用いられており、自身の購入履歴や、他の購入者の膨大な購入履歴から、自分が欲しい物に近い商品が提案されるようになっている。購入履歴やサイトの中での検索動作はAmazonに蓄積されていくが、同様の購買行動を起こした人の履歴を参照した「協調フィルタリング」という技術が用いられている。

さまざまな企業が、売り上げを伸ばすためにAIを活用し始めている。例えば、紳士服チェーンのはるやまは、2016年、AI「SENSY」

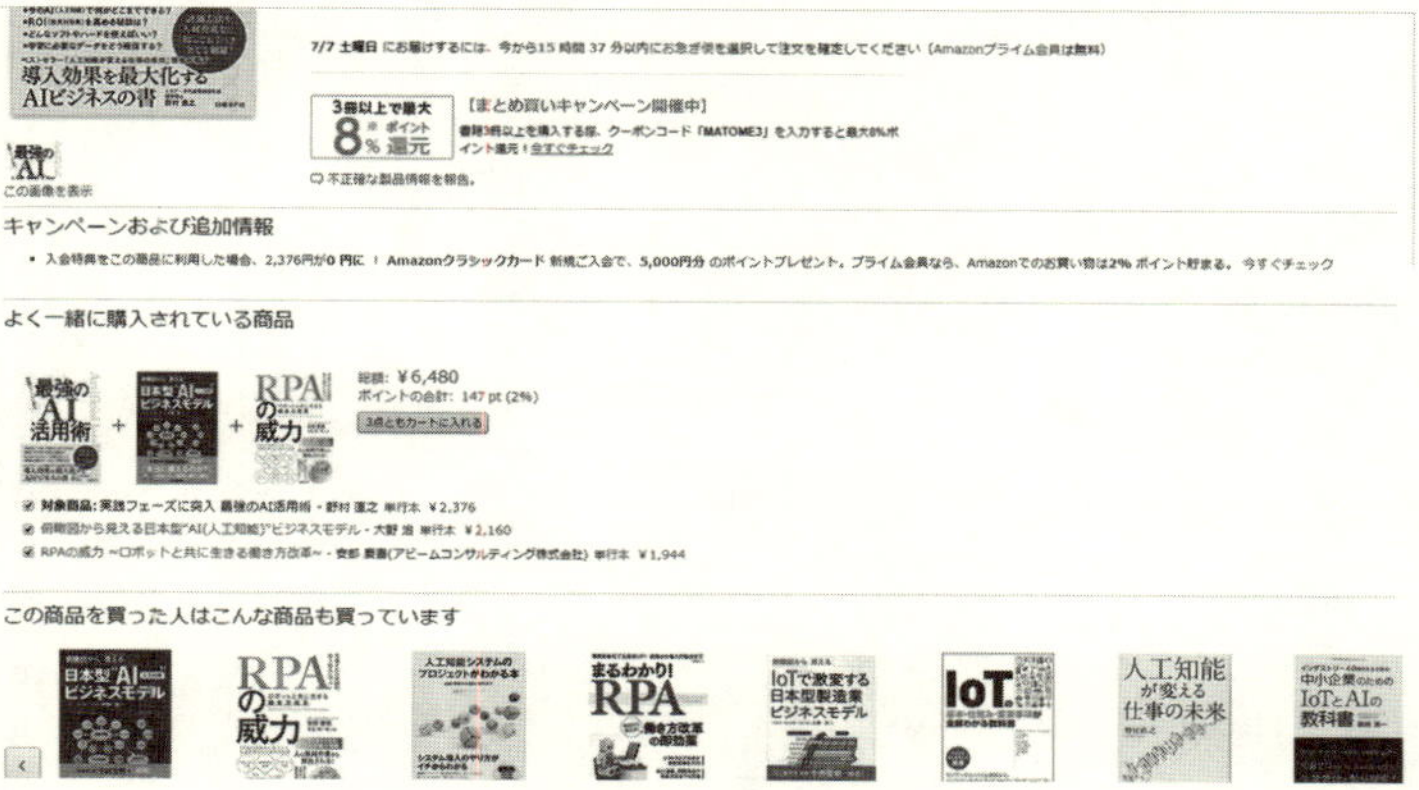

Amazonウェブページでは自分が欲しい物に近い商品が提案される。（著者撮影）

をダイレクトメールの掲載商品選定やオンラインショップのレコメンド機能に活用し始めた。はるやまに蓄積された顧客100万人の過去5年間の購買履歴を「SENSY」を使って分析し、個々のセンスを反映した商品をセレクトできるようにした。そして、その技術をダイレクトメールに活用し、顧客一人ひとりのセンスにあったお薦め商品の提案をしている。

ダイレクトメールは、顧客の中から購買頻度が高かったり点数が多かったりする1万2000人を選び、一人ひとりの好みに合わせたスーツやシャツ、ネクタイなどを割引券付きのDMハガキに数点

出典：はるやまウェブページ「人工知能でパーソナライゼーション推進！」
http://www.haruyama-co.jp/news/pdf/201606_62124_1.pdf

ずつ掲載して6月に郵送した（注3）。発送後1か月の間にハガキを持参して来店した顧客は、通常のＤＭハガキの場合と比べて15％増加したという（注4）。

以上見てきたように、私たちの日常生活の中に、いつの間にかＡＩはどんどん入ってきている。私たちが気づかないだけで、実は、対話の相手がＡＩだったり、購買意欲が高まる原因がＡＩの分析であったり、コールセンターのオペレーターの回答スピードが上がった背景にＡＩの活躍があったりしている。

この動きは、特に２０１３、１４年以降、劇的に大きくなってきている。背景には何があるのか、次章でさらに詳しく見ていこう。

注1　インターネットラジオ・テレビの一種で、インターネット上で音声や動画のデータファイルを公開する方法。Apple社のiPod（アイポッド）と、ブロードキャストを組み合わせた造語。iPodなどの携帯プレイヤーに音楽などをダウンロードして聞くことが可能な放送番組という意味で名付けられた。

注2　三井住友海上火災保険ニュースリリース（２０１７年12月19日）「ＡＩ（人工知能）技術

を活用した問い合わせ対応の高度化について」
http://www.ms-ins.com/news/fy2017/pdf/1219_1.pdf
注3　http://www.haruyama-co.jp/news/pdf/201606_62124_1.pdf
注4　『日経デジタルマーケティング』２０１６年10月17日。

第1章

AI（人工知能）とは何か

第1節 「アルファ碁」の衝撃

２０１６年1月1日、日本経済新聞の元旦特集のテーマは「２０２０ニッポンの道しるべ」。財政健全化や規制改革の話、政界の話、地方創生の話などと並んで「ロボットとヒト」という特集があった。開発途上のロボットやＡＩについての紹介とともに、「コンピューター、囲碁に挑む―プロ棋士の壁、まだ高く」という解説もあった。

そこでは「チェスや将棋では、コンピューターはすでに人間のトップに迫り、あるいは追い抜いた。ところが、囲碁はまだアマチュア強豪レベル。いつ人間に勝てるのだろうか。」と書かれている。

チェスの世界では、１９９７年、ＩＢＭが開発したスーパーコンピュータ「ディープブルー」が当時のチェスの世界チャンピオン、ゲイリー・カスパロフと対戦し、勝利を収めた。持ち駒が使える将棋の世界では、チェスよりもさらに複雑になることから、その後相当時間がかかると考えられていたが、２００７年将棋プログラム「ボナンザ」が渡辺明竜王（当時）を追い詰め、将棋マシン「あから２０１０」は２０１０年に清水市代女流王将

（当時）を破った。そして、２０１２年には将棋プログラム「ボンクラーズ」が米長邦雄永世棋聖を破った（注１）。

日本経済新聞の前記記事では、囲碁についてはまだまだ当分、人間の方が強いと予想している。チェスや将棋よりもはるかに複雑で、終局までの手数も10の３６０乗と、けた違いに多いからだ。実際、この記事の掲載時点では、ハンデを４つ置かせる４子局でプロ棋士に勝利、３子局で互角の戦い、というレベル―アマチュア強豪レベル―だった。

記事は、「しかしまだ互角の勝負にはほど遠い。」とし、将棋同様「囲碁でも、なんらかのブレークスルーが必要との見方は多いが、２０２０～３０年には対等に勝負できるかもしれない。」と結んでいる。

実は同様の見方はＡＩの専門家の間でも一般的だった。日本のＡＩ研究を引っ張っている、松尾豊東京大学特任准教授のベストセラー『人工知能は人間を超えるか』（ＫＡＤＯＫＡＷＡ、２０１５年３月初版発行）でも、次のように述べられている。

囲碁は、将棋よりもさらに盤面の組合せが膨大になるので、人工知能が人間に追いつくにはまだしばらく時間がかかりそうだ。人間の思考方法をコンピュータで実現し、人間のプロに勝つには、（中略）特徴表現学習の新しい技術が何らかの形で必要だろう。
（同書80頁）

他のＡＩ専門家の見方も同様のものが多かった。

しかし、２０１６年１月１日の日本経済新聞記事が出てわずか２か月半後の３月中旬、囲碁のＡＩ「アルファ碁」（ディープマインド社）が、囲碁界の魔王と呼ばれた世界トップ級のプロ棋士のイ・セドル９段（韓国）と勝負して４勝１敗と勝ち越し、世間に衝撃を与えた。各紙には「急成長　人類超えた」（読売新聞３月13日）、「ＡＩ、トップ棋士を圧倒」（日本経済新聞３月13日）との見出しが並んだ。この出来事は、人間の予想をはるかに上回る勢いでＡＩが進化していることを示している。

アルファ碁は、過去のプロ棋士たちの棋譜を利用した「教師あり学習」と、アルファ碁同士で対局を行って能力を強めていく強化学習を組み合わせた「ディープラーニング」（後述）によって、ここまで強くなることができた。ディープマインド社は、ゲームプレイヤーであり優秀なＡＩ研究者でもあるデミス・ハサビスらにより２０１０年に起業された会社だが、２０１４年には Google によって約４億ドルで買収され、Google 傘下の企業となっている。Google の資金力を豊富につぎ込んで開発を急速に進めたのだ。

実はアルファ碁の進化はこれにとどまらなかった。

２０１７年10月、アルファ碁をさらに凌ぐ「アルファ碁ゼロ」をディープマインド社は発表した。このアルファ碁ゼロには、過去の棋譜といった「教師あり学習」ではなく、囲碁の最低限のルールのみを与えて（「教師なし学習」）、40日間で従来のどのバージョンのアルファ碁よりも強くなったという。ルールだけを与えて自己対局を超高速で繰り返した結果、３日目にはイ・セドル９段を破った「アルファ碁」の棋力を超え、40日目にはアルファ碁のすべてのバージョンよりも強くなった。40日間で２９００万局の自己対局を行ったという。もし、人間が同様の対局をしようとすると、不眠不休で1局1時間の早打ちで打ち続けたとしても、約３０００年かかってしまうという。寿命のある人間には不可能な対局数だ。

ＡＩはすでにここまで来ている。次節では、ＡＩがどのように進化してきたのか、その歴史を振り返ってみる。

第2節 AIの進化と第3次AIブーム

そもそも人工知能（ＡＩ）とは何か。論者によりさまざまな定義があるが、おおむね共通するものとして、人間が持つような知性・知能を人工的に実現する技術のことを指す。現時点では、人間の知能とまったく同等またはそれ以上の仕組みを実現する技術、「汎用人工知能」（「強いＡＩ」ともいわれる）は、存在していない。現時点で実現しているＡＩはすべて、範囲を限定して能力を発揮する「特化型人工知能」（「弱いＡＩ」ともいわれる）である。

前節でみた「アルファ碁ゼロ」は人間の能力を超えた実力を有するに至った。アルファ碁ゼロはあらかじめ決められた範囲では素晴らしい能力を発揮するが、それは囲碁の世界だけのことで、それ以外のことはできない。今度の旅行にどこに行ったらよいかと尋ねても、アルファ碁ゼロは回答してくれない。

序章で見たSiriやスマートスピーカーはさまざまな質問に答えてくれたり、部屋の温度を調整してくれたりするのでかなり汎用性が高いように見える。しかし、これも音声認識技術に他の機能を組み合わせることにより、できることの範囲をあらかじめ広げているに過ぎない。現在は、このような特化型人工知能が、急速に開発されている時代だといえる。

ＡＩは過去にも2回のブームを経験している（注2）。

◆第1次ＡＩブーム

ＡＩという言葉が世界に初めて登場したのは、1956年のことである。ダートマス大学で開催された会議で、計算機科学者が命名した（ちなみに、手塚治虫の漫画「鉄腕アトム」の連載が『少年』（光文社）で始まったのが1952年で、フジテレビ系でアニメ化されたのは1963年からである）。

この1950年代後半～1960年代の第1次ブームの際には、コンピュータによる「推論」や「探

図表1－1

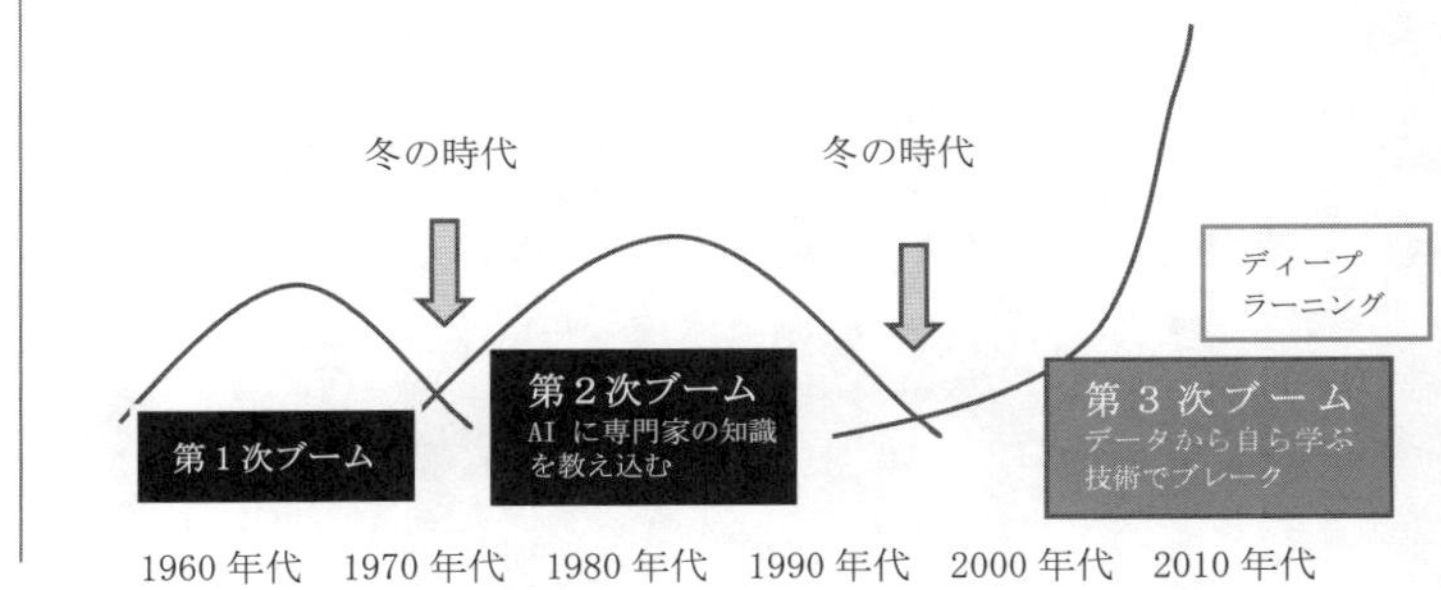

著者作成

索」が可能となり、特定の問題に対して解を提示できるようになった。これがブームを盛り上げた。当時、東西冷戦下にあり、米国では自然言語処理による機械翻訳に特に力が注がれた。

当時は、簡単な迷路を解いたりゲームを攻略できたりといったようにＡＩの能力は限定的だったが、将来は人間に解決できない問題でも解決できるのではないかと期待が高まった。しかし、さまざまな要因が絡み合う現実社会の課題を解くことはできないことが明らかになり、実用に耐えず、一転して冬の時代を迎えた。

◆第2次ＡＩブーム

2度目のブームは、1980年代だ。きっかけとなったのは、ＭＹＣＩＮ（マイシン）と呼ばれる医療診断システムだ。ユーザーである医師が、マイシンからの質問に「ＹＥＳ」「ＮＯ」で答えることにより、患者の疾患がなんの細菌によってもたらされているのかの回答を得ることができる。マイシンには細菌感染に関する知識が500以上インプットされており、専門医の知識よりは劣るものの、一般的な医師よりは優れているという結果が得られていた。このように「特定の専門分野の知識を十分に与えることで、あたかもその

図表１－２

	人工知能の置かれた状況	主な技術等	人工知能に関する出来事
1950年代			チューリングテストの提唱（1950年）
1960年代	第一次人工知能ブーム（探索と推論）	・探索、推論 ・自然言語処理 ・ニューラルネットワーク ・遺伝的アルゴリズム	ダートマス会議にて「人工知能」という言葉が登場（1956年） ニューラルネットワークのパーセプトロン開発（1958年） 人工対話システムELIZA開発（1964年）
1970年代	冬の時代	・エキスパートシステム	初のエキスパートシステムMYCIN開発（1972年） MYCINの知識表現と推論を一般化したEMYCIN開発（1979年）
1980年代	第二次人工知能ブーム（知識表現）	・知識ベース ・音声認識	第五世代コンピュータプロジェクト（1982~92年） 知識記述のサイクプロジェクト開始（1984年） 誤差逆伝播法の発表（1986年）
1990年代		・データマイニング ・オントロジー	
	冬の時代	・統計的自然言語処理	
2000年代	第三次人工知能ブーム（機械学習）	・ディープラーニング	ディープラーニングの提唱（2006年）
2010年代			ディープラーニング技術を画像認識コンテストに適用（2012年）

出典：総務省「ICTの進化が雇用と働き方に及ぼす影響に関する調査研究」(2016年) 15頁

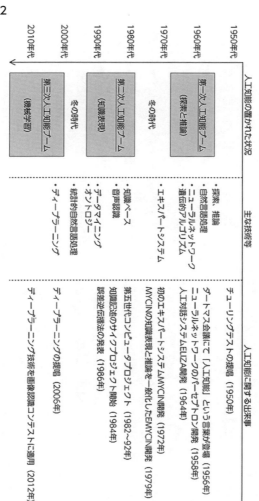

分野の専門家のような振る舞い（推論）ができるシステム」のことを「エキスパートシステム」という。

さまざまな分野で、コンピュータに「知識」を与えることで、ＡＩを実用可能な水準にしようと試みられ、多数のエキスパートシステムが生み出された。専門家の技術を個別にルール化してＡＩに覚えこませれば、専門家並みの知性を獲得できるのではないかと考えられたのだ。日本国内でも、通商産業省が「第五世代コンピュータプロジェクト」をぶちあげ、５７０億円がつぎ込まれた。

しかし、これらの動きは壁にぶち当たった。当時は必要な情報をコンピュータ自らが収集して蓄積することはできなかった。そのため、必要なすべての情報を、コンピュータが理解可能な内容にして人が記述する必要があったのだ。

世界中の膨大な情報すべてを、記述して用意することは困難だ。また、人間は例えば猫を見ればすぐに猫だと認識できるが、猫のどこをどう判断して猫だと見分けているのかについて、コンピュータが理解できるように記述しルールとして明文化することは極めて困難だった。このような限界があったため、１９９０年代半ばごろから再び冬の時代を迎える。

◆第３次ＡＩブーム

　だが、冬の時代を迎えたちょうどそのころ、検索エンジンが誕生し、インターネットが爆発的に普及した。そのことが、ＡＩの第３次ブームの駆動輪となっている。第３次ブームは、２０００年代から現在まで続いている。とりわけ２０１２年以降、飛躍的なブームが始まった。

　まず、「ビッグデータ」と呼ばれる大量のデータを用いることでＡＩ自身が知識を獲得する「機械学習」が実用化された。機械学習は、ＡＩのプログラム自身が学習する仕組みであり、技術自体は第１次ブームの頃から存在していた。パターン分けを機械が行うことにより学習を進めるというものだが、大量のデータをコンピュータに読み込ませることで、規則性や特徴などをコンピュータ自身に身につけさせる。コンピュータの処理能力の飛躍的向上と、インターネットなどから大量のデータが手に入るようになったことが、この技術の実用化に貢献した。

　次いで知識を定義する要素（特徴量）を人工知能（ＡＩ）が自ら習得するディープラーニング（「深層学習」「特徴表現学習」とも呼ばれる）が登場したことが、第３次ブームに拍車をかけた。

２０１２年、コンピュータの画像認識に関する国際コンテストで、カナダのトロント大学のヒントン教授のチームが他の追随をまったく許さない圧倒的な強さで優勝した。ディープラーニングの技術を使ったものだった。これ以降、ディープラーニング技術を用いたＡＩの開発、利用が飛躍的に進んでいる。

◆日本の法律の規定とＡＩ

このような劇的ともいえるＡＩに関して日本の法律はこれまで直接規定することはなかった。だが、２０１６年12月に公布・施行された「官民データ活用推進基本法」は、日本で初めてＡＩ（人工知能）についての定義を置いた。

第２条第２項で、人工知能関連技術とは、「人工的な方法による学習、推論、判断等の知的な機能の実現及び人工的な方法により実現した当該機能の活用に関する技術をいう。」とされている。前半が基盤的な技術で、後半が応用的な技術にあたる。

なんとか、ＡＩの進展の流れに追いつく形で法整備が進められつつあるが、自治体でＡＩを活用する際に必要となる法整備は、まだ検討の緒についたばかりだ。

図表１－３

官民データ活用推進基本法の概要

目的　インターネットその他の高度情報通信ネットワークを通じて流通する多様かつ大量の情報を活用することにより、急速な少子高齢化の進展への対応等の我が国が直面する課題の解決に資する環境をより一層整備することが重要であることに鑑み、官民データの適正かつ効果的な活用（「官民データ活用」という。）の推進に関し、基本理念を定め、国等の責務を明らかにし、並びに官民データ活用推進基本計画の策定その他施策の基本となる事項を定めるとともに、官民データ活用推進戦略会議を設置することにより、官民データ活用の推進に関する施策を総合的かつ効果的に推進し、もって国民が安全で安心して暮らせる社会及び快適な生活環境の実現に寄与する。（1条）

第１章　総則

◆ **「官民データ」**とは、電磁的記録（※1）に記録された情報（※2）であって、国若しくは地方公共団体又は独立行政法人若しくはその他の事業者により、その事務又は事業の遂行に当たり管理され、利用され、又は提供されるものをいう。（2条）

※1　電子的方式、磁気的方式その他人の知覚によっては認識することができない方式で作られる記録をいう。

※2　国の安全を損ない、公の秩序の維持を妨げ、又は公衆の安全の保護に支障を来すことになるおそれがあるものを除く。

◆ **基本理念**

①IT基本法等による施策と相まって、情報の円滑な流通の確保を図る（3条1項）

②自立的で個性豊かな地域社会の形成、新事業の創出、国際競争力の強化等を図り、活力ある日本社会の実現に寄与（3条2項）

③官民データ活用により得られた情報を根拠とする施策の企画及び立案により、効果的かつ効率的な行政の推進に資する（3条3項）

④官民データ活用の推進に当たって、

・安全性及び信頼性の確保、国民の権利利益、国の安全等が害されないようにすること（3条4項）

・国民の利便性の向上に資する分野及び当該分野以外の行政分野での情報通信技術の更なる活用（3条5項）

・国民の権利利益を保護しつつ、官民データの適正な活用を図るための基盤整備（3条6項）

・多様な主体の連携を確保するため、規格の整備、互換性の確保等の基盤整備（3条7項）

・AI、IoT、クラウド等の先端技術の活用（3条8項）

◆ **国、地方公共団体及び事業者の責務（4条～6条）**

◆ **法制上の措置等（7条）**

第２章　官民データ活用推進基本計画等

◆ 政府による官民データ活用推進基本計画の策定（8条）

◆ 都道府県による都道府県官民データ活用推進計画の策定（9条1項）

◆ 市町村による市町村官民データ活用推進計画の策定（努力義務）（9条3項）

第３章　基本的施策

◆ 行政手続に係るオンライン利用の原則化・民間事業者等の手続に係るオンライン利用の促進（10条）

◆ 国・地方公共団体・事業者による自ら保有する官民データの活用の推進等、関連する制度の見直し（コンテンツ流通円滑化を含む）（11条）

◆ 官民データの円滑な流通を促進するため、データ流通における個人の関与の仕組みの構築等（12条）

◆ 地理的な制約、年齢その他の要因に基づく情報通信技術の利用機会又は活用に係る格差の是正（14条）

◆ 情報システムに係る規格の整備、互換性の確保、業務の見直し、官民の情報システムの連携を図るための基盤の整備（サービスプラットフォーム）（15条）

◆ 国及び地方公共団体の施策の整合性の確保（19条）

◆ その他、マイナンバーカードの利用（13条）、研究開発の推進等（16条）、人材の育成及び確保（17条）、教育及び学習振興、普及啓発等（18条）

第４章　官民データ活用推進戦略会議

◆ IT戦略本部の下に官民データ活用推進戦略会議を設置（20条）

◆ 官民データ活用推進戦略会議の組織（議長は内閣総理大臣）（22、23条）

◆ 計画の案の策定及び計画に基づく施策の実施等に関する体制の整備（議長による重点分野の指定、関係行政機関の長に対する勧告等）（20条～28条）

◆ 地方公共団体への協力（27条）

附則

◆ 施行期日は公布日（附則1項）

◆ 本法の円滑な施行に資するための、国による地方公共団体に対する協力（附則2項）

出典：官邸ウェブページ「官民データ活用推進基本法の概要」
https://www.kantei.go.jp/jp/singi/it2/hourei/pdf/detakatsuyo_gaiyou.pdf

第3節 ディープラーニング（深層学習）とは何か

さて、これまで何度かディープラーニングという言葉を用い、また、2012年のトロント大学のチームによる画像認識の抜きんでたスコアはディープラーニングによるもので、それがAIの第3次ブームに大きく貢献しているとも述べた。ここでディープラーニングとは何かについて見ておこう。

◆機械学習とディープラーニング

ディープラーニングはこれまでの機械学習の中の一類型である。

機械学習とは、第2節でも少し触れたように、大量のデータをコンピュータに読み込ませることにより、データの中の規則性や特徴などをコンピュータ自身に見つけさせる手法のことである。先に見たアルファ碁、将棋ソフトボナンザ、Siriを始めとする音声アシスタントなど最近話題のAIは、基本的に機械学習が使われている。

機械学習の技術そのものは、第1次ブームの頃から存在したものの、読み込ませるデータを大量に用意するとともに、膨大な計算をする必要があったため、当時のコンピュータの性能やデータの利用可能性からは限界があった。しかし、ＣＰＵ始めコンピュータの性能が飛躍的に向上したことにより、超高速での処理ができるようになってきたこと、そして、インターネットの普及により大量のデータを容易に入手できるようになったことから、機械学習の普及が加速している。

機械学習においては、従来、学習対象となる特徴量を人間が定義する必要があった。ところが、ディープラーニングは自分で特徴を見つけることができる点が根本的に異なる。人間が細かく設定しなくても、自分で学習して賢くなる技術、といえる。

◆ＡＩのカテゴリーとディープラーニング

ＡＩにはいくつかの分類の仕方がある。前に見た、「汎用ＡＩ」と「特化型ＡＩ」や、その他の分類がある。ここでは、「ルールベース型」と「機械学習型」という技術類型に基づく分類を見ておこう。

「ルールベース型」は、人間が設定したルールがＡＩの判断基準となる。第２章で見るいくつかのチャットボットがそうであるように、「このような質問」に対しては「このように答える」とルールを設定しておく。

「機械学習型」は既述の通り、用意した学習データからパターンを自動的に抽出し、それを基準として判断を行う。人間が設定したルールが判断基準となっているわけではない。

具体例で考えてみよう（図表１－４）。

１９９０年代にエアコンや炊飯器、全自動洗濯機など「ＡＩ搭載」を銘打った家電が次々に発売されたが、これは、カテゴリー１のものや、性能が高いものでもカテゴリー２に属するものだった。時間や温度を設定したり、周りの湿度などに応じてその設定温度や稼働時間を変える仕組みを作ったりするなど、いずれも人間が判断基準を

図表1－4　人工知能（AI）のカテゴリー

<table>
<tr><th>カテゴリー</th><th>意味</th><th>例示</th><th colspan="2">類型</th></tr>
<tr><td>カテゴリー1</td><td colspan="2">単なる制御（言われた通りにやる）
温度が上がるとスイッチを入れる。下がるとスイッチを切る。</td><td colspan="2" rowspan="2">ルールベース型</td></tr>
<tr><td>カテゴリー2</td><td colspan="2">対応のパターンが非常に多い（探索や知識を使って、言われた通りにやる）
探索や推論。将棋や囲碁で、決められたルールにしたがって、手を探す。</td></tr>
<tr><td>カテゴリー3</td><td colspan="2">対応のパターンを自動的に学習（重みを学習する）　機械学習
駒がこういう場所にあるときは、こう打てばよいということを学習。</td><td colspan="2">機械学習型</td></tr>
<tr><td>カテゴリー4</td><td colspan="2">対応のパターンの学習に使う「特徴量自体」も学習（変数も学習する）
駒の位置だけでなく、複数の駒の関係性をみる。</td><td></td><td>深層学習</td></tr>
</table>

資料出所：総務省「インテリジェント化が加速するICTの未来像に関する研究会」報告書（2015）13－14頁に著者加筆。http://www.soumu.go.jp/main_content/000363712.pdf

あらかじめ設定するものであった。つまりルールベース型のＡＩである。

２０００年代に入り、機械学習の技術が実用化された。例えば多くの写真の中から猫が映った写真だけをＡＩに選び出させたいとする。この場合、猫の特徴量（どこに着目すればよいのかというポイント。耳の形、ひげ、全体の姿など）のデータをＡＩに与えてから写真を見せて教える。その後、大量の写真を見せるうちに、ＡＩは学習をしていき、だんだん猫が判別できるようになっていく。

大量の写真情報は現在ではネット上で簡単に手に入るし、それを読み込んだり処理したりするコンピュータの性能も飛躍的に向上した。これらが機械学習の発達を加速した。学習が進めばＡＩは写真を見てそれが猫かどうかの答えを出すようになる。

ただ、この特徴量の定義は手間がかかるし、困難なこともある。ひげのない猫がいたらどうするか、耳が長めの猫はどうするか、例外事例を書きこんでいくと膨大になる。人間だと直感的にわかる場合でも定義をするのは大変だ。

この問題を解決する技術がディープラーニング（深層学習）だ。少し触れたように、２０１２年、トロント大学（カナダ）のヒントン教授のチームは、コンピュータに画像を認識させる国際コンテストで断トツのスコアをたたき出した。彼らが用いたのがディープラーニングだ。先の例で、人間が与えていた猫の特徴量は、深層学習では与えない。猫の写真を無数に読み込ませるうちに、ＡＩ自身が猫の特徴量を自ら学習して見つけ出し、猫かどうかを判別できるようになる。深層学習は「機械学習における技術革命」とも呼ばれている。

◆ＡＩの強み

ここであらためてＡＩの強みを見ておこう。

まず、第1に、ＡＩは疲れない。24時間365日稼働し続けることが可能だ。年間稼働時間が8760時間。この点は、年間の労働時間が2000時間程度の人間とは大きな違いだ。画像を見せる場合でも、ＡＩは何万枚、何千万枚を見せても、疲れずに処理をする。人間なら相当数の画像を見せて処理をすると、ある程度の確率でミスが発生する可能性があるが、ＡＩはそれがない。

第2に、ＡＩはデータを収集してそれをもとに学習することを通じて、繰り返しバージョンアップをし続け、永遠に成長し続けることができる。日々量産される大量のデータをもとに休まずに学習し続けることができる。

第３に、ＡＩの場合、聖徳太子のように、１対多のコミュニケーションを図ることが可能だ。人間の場合、マルチタスクには限りがある。一度に１００人の相手と対話をすることはできない。しかし、ＡＩにとってはそのようなことも容易だ。

第４に、ＡＩは機械同士で対話をすることが可能だ。車や家の中の電化製品、人に関する生体情報を始め無数のデータを同時にやりとりして、最適な環境を保つことも可能だ。

このような強みを持つＡＩは、序章でみたように、ここ数年さまざまな分野で活用され始めている。

第４節　今後のＡＩの展開

ＡＩの分野においては、日進月歩、日々進展がみられる。10年後のことを予測することは困難だ。ただ、多くの研究報告では、自動運転の実現、防犯・監視への応用、物流への活用、家事・介護分野への適用などが、手の届く未来のこととして議論されている。

図表１－５は、総務省の委託を受けた野村総合研究所の報告書「ＩＣＴの進化が雇用と働き方に及ぼす影響に関する調査研究報告書」（２０１６年３月）に掲載されたものだが、

図表１－５　人工知能（AI）の発展と利活用の進化

年	技術発展	向上する技術	社会への影響
2014	画像認識	認識精度の向上	・広告 ・画像からの診断
2020	マルチモーダルな抽象化	感情理解 行動予測 環境認識	・ペッパー ・ビッグデータ ・防犯・監視
↓	行動とプラニング	自律的な行動計画	・自動運転 ・物流（ラストワンマイル） ・ロボット
↓	行動に基づく抽象化	環境認識能力の大幅向上	・社会への進出 ・家事・介護 ・感情労働の代替
2025	言語との紐づけ	言語理解	・翻訳 ・海外向け EC
2030	さらなる知識獲得	大規模知識理解	・教育 ・秘書 ・ホワイトカラー支援

出典：総務省「ICTの進化が雇用と働き方に及ぼす影響に関する調査研究報告書」（2016年）20頁

図表１－６

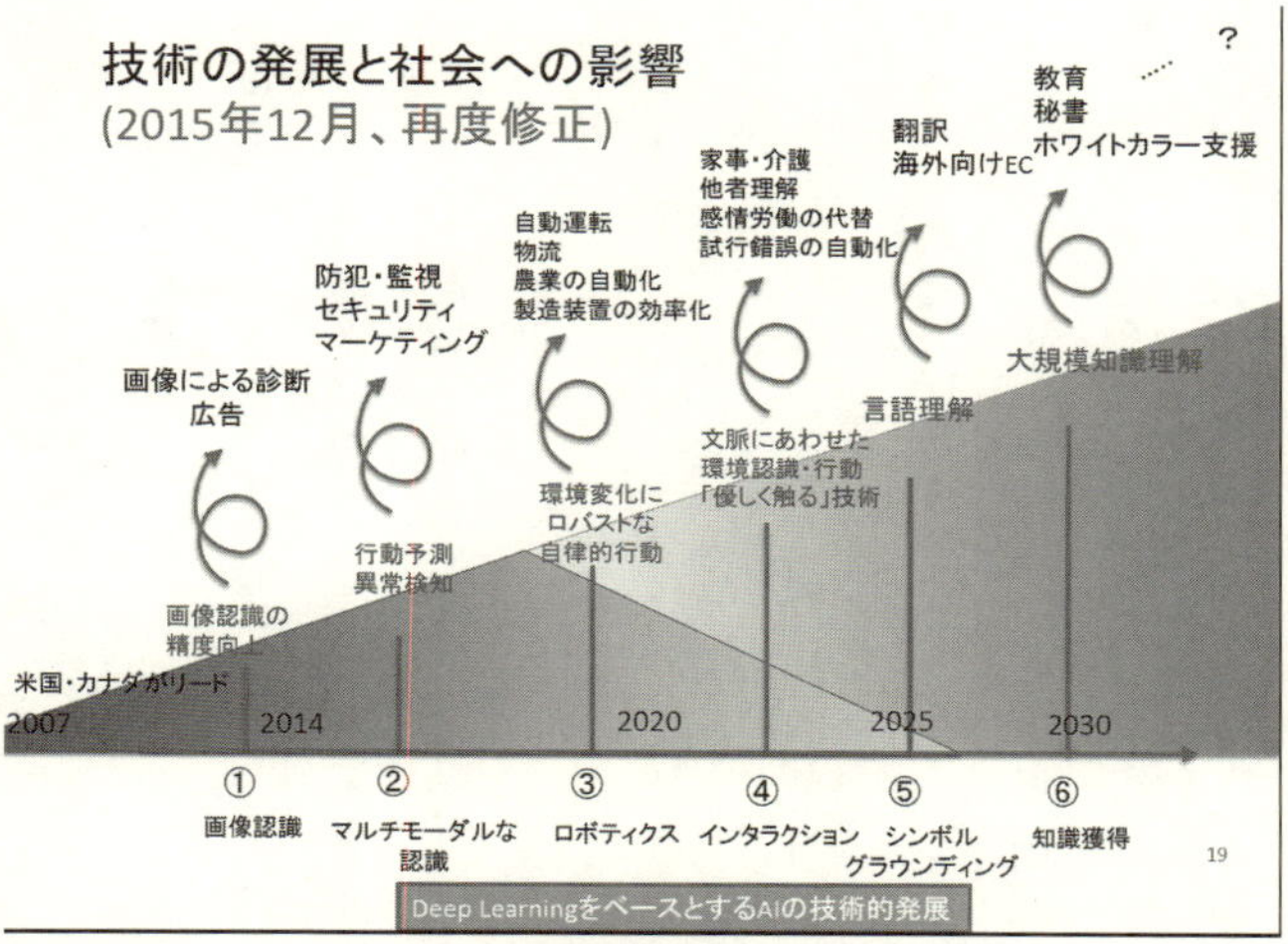

出典：総務省ICTインテリジェント化影響評価検討会議第１回会議（2016年２月２日）松尾委員
提出資料19頁

この図で社会への影響とされている事柄が、現実のものとして起こる可能性は非常に高い。

実は、日本でＡＩを引っ張っている松尾豊氏ですら、ＡＩの進歩の速さが彼の予想を上回り、将来予測を前倒しに変更しなければならなかったほどだ（図表１－６参照）（注３）。

政府の『平成28年版情報通信白書』（２０１６年６月）は、次のように述べている（２３７－２３９頁）。やや長くなるが、政府の基本的立場を示しているとも言い得るので引用する。

> 人工知能（ＡＩ）が実際のサービスにおいて果たす機能として、「識別」「予測」「実行」という大きく3種類があるとされる。それぞれの機能を利活用する場面は、製造や運送といったあらゆる産業分野に及びうる（図表１－７）。
>
> 例えば、車両の自動運転であれば、画像認識と音声認識から得られた情報に、車両の運行情報・地図情報・位置情報などの他の情報を加えて、車両がおかれた状況を識別する。その上で、衝突の可能性などこれから起こりうることを予測し、安全を保つために最適な運転や、目的地に到達するための経路を計画して実行する。このように、具体的なサービスにおいては、様々な機能が分野に適した形で組み合わさって実用化される。

図表1－7　人工知能（AI）の実用化における機能領域

識別	音声認識
	画像認識
	動画認識
	言語解析
予測	数値予測
	マッチング
	意図予測
	ニーズ予測
実行	表現生成
	デザイン
	行動最適化
	作業の自動化

出典：総務省「ICTの進化が雇用と働き方に及ぼす影響に関する調査研究報告書」（2016年）19頁

ディープラーニングを中心とした人工知能（ＡＩ）は、今後、識別・予測の精度が向上することによって適用分野が広がり、かつ、複数の技術を結合することで、実用化に求められる機能が充足されるといった発展が見込まれている。発展の仕方は一通りではないが、以下では専門家が想定する一例を挙げる。

現在は、まず画像認識における精度の向上が実現しつつあるが、同じ視覚情報である動画へと対象が拡大し、さらには音声など視覚以外の情報を組み合わせた（マルチモーダル）認識が発展すると期待されている。マルチモーダルな認識が実現すると、環境や状況を総合的に観測することが可能になるので、防犯・監視といった分野での実用化が考えられる。

次に、コンピュータが自分の取った行動とその結果を分析することが可能になり、高度な行動計画（プランニング）を導くことができるようになると考えられている。自動でのプランニングが可能になると、車両の自動運転や物流の自動化といった分野での実用化が想定される。

さらに行動の分析が高度化し、試行錯誤のような連続的な行動データを解析できるようになると、環境認識の対象や精度が向上して現実社会のより複雑な状況へと実用領域が拡大しうる。例えば、感情を認識出来るようになれば、対人サービスでもある家事や介護などの分野にも導入が考えられる。

人工知能（ＡＩ）が認識できる範囲が人の活動領域に広く行き渡ると、人工知能（ＡＩ）は言語が対象にする様々な概念を扱うことができるようになる。すると、概念と言語を紐づけることで、言語分析が高精度なものになると考えられる。その結果、自然な言い回しでの自動翻訳が実現するといったことが期待される。最終的には、言語を通じた知識の獲得が可能になり、人工知能（ＡＩ）が秘書などの業務を担うこともありえるとさ

> れる。
> 一方で、人工知能（ＡＩ）を、どのような分野でどのように使用するか、あるいは使用しないかは、あくまでも人間が設定するものである。私たち人間を含む生命体は、生存を優先したり社会組織が利益の最大化を追求したりするような個体としての最終的な意思を持っているが、人工知能（ＡＩ）はそのような意思を持っておらず、与えられた目標に沿った解を提示する。また、そのような目標を勝手に見つけ出すような自体《ママ》も当面想定されていない。したがって、実用化が期待されるそれぞれの分野において、目標を適切に定めることは人間の役割なのである。また、社会にとって有害な目的（倫理、法、社会の分野を総称してELSI（Ethical, Legal and Social Issues）と呼ばれる）で人工知能（ＡＩ）が利用されることを防止するコンセンサスを醸成するべく取組が進められている。

今後のことはあくまで予想になるが、先にも触れたように変化のスピードは驚くほど速い。民間企業は生き残りをかけてそれを積極的に活用し始めている。メガバンクで、ＡＩ

やＲＰＡ（後述）の活用により、大幅なリストラの予定が発表されて、世間を驚かせた。しかし、金融分野に限らず他の分野においても驚くほどの勢いでＡＩの利活用が進められている。

民間企業に比べればその利活用が遅れていた感のある自治体においても、先進的なところは実証実験を始めたり、すでに活用を始めたりしている。断片的にはニュースが流れてお読みになったことがある読者もいると思うが、次章ではそれらのうちの主だったものをまとめて見ていきたいと思う。

注1　『ニュートン別冊　ゼロからわかる人工知能』（２０１８年）、33頁。

注2　この項の記述は、『情報通信白書　平成28年版』（総務省）の記述に負うところが大きい。

注3　総務省ＩＣＴインテリジェント化影響評価検討会議（のちに、「ＡＩネットワーク化検討会議」に改称）第1回会議（２０１６年2月2日）松尾委員提出資料。17－19頁参照。
http://www.soumu.go.jp/main_content/000400435.pdf

第2章 自治体におけるAI活用

民間企業、とりわけ金融や保険分野において、2016年ごろから加速的にＡＩが導入されたのに対して、自治体における導入の速度は緩慢だ。予算制約、担当課の理解が得られない、セキュリティ上の不安がある、などの課題があるだろうが、そもそも、何から検討すればよいのかわからない自治体が多いと考えられる。

他方で、先進的な自治体ではさまざまな分野でのＡＩ導入を進めている。本章では自治体において展開されているＡＩについて、いくつかに分類して見ていくこととする。

- 情報提供型チャットボットＡＩ（第1節）
- 会議録作成、要約作業のＡＩ（第2節）
- 定型業務の自動化にＲＰＡやＡＩを活用（第3節）
- 災害情報要約ＡＩ（第4節）
- 道路補修効率化ＡＩ（第5節）
- 職員業務支援ＡＩ（第6節）
- 保育所マッチングＡＩ（第7節）
- 介護保険サービス利用者のケアプラン作り（第8節）

・過疎地域での御用聞きＡＩ（第９節）

第1節　情報提供型チャットボットＡＩ

住民からの問い合わせに対して、チャットボットを活用した対応を始めている自治体が多く見られるようになってきた。

比較的多くの自治体で導入や実証実験が進められているのが、市政情報や特定の施策情報について、対話型で情報を提供するものである。ホームページ上のＦＡＱ（よくある質問）や窓口での対応に関する情報をＡＩが学習し、LINE上で市民が質問した内容に即座に自動回答するものである。例えば、「休みの日に戸籍届を出せますか」といった質問に対して、文字による対話のやりとりをして回答を導き出す。市民が電話で問い合わせをしたりホームページで調べたりする手間を簡略化するものである。

◆子育て支援をＡＩで
―川崎市・掛川市×三菱総合研究所

先鞭をつけたのが、三菱総合研究所と川崎市、掛川市による子育て情報についての問い合わせシステムである。２０１６年９月に実証実験が約１か月行われた。

川崎市の例を見てみよう。図２－１にあるように、まず、川崎市のホームページや冊子等に掲載されている膨大な情報の中から必要だと考えられるものを、三菱総合研究所が運用するＡＩに登録する。その際、ＡＩを活用して市民が必要としている情報を絞り込み、わかりやすく提供する方法を模索する。実証実験はそのための調査・研究を行ってさまざ

図２－１

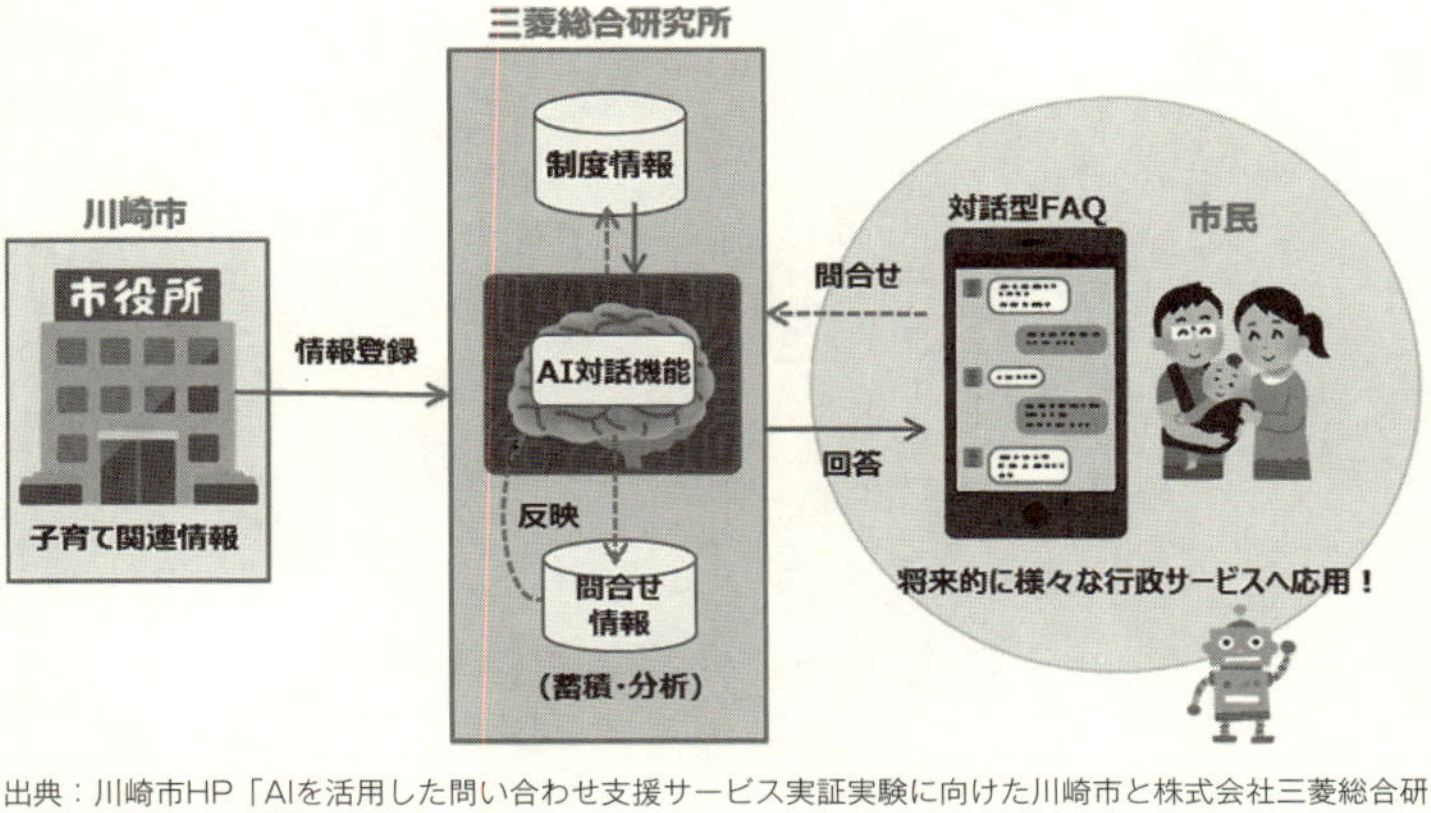

出典：川崎市HP「AIを活用した問い合わせ支援サービス実証実験に向けた川崎市と株式会社三菱総合研究所の協定締結について」
http://city.kawasaki.jp/170/cmsfiles/contents/0000079/79847/160906-2.pdf

まな行政サービスへの活用を目指すものだ。三菱総合研究所が運用するＡＩが、市民からの問い合わせに直接対応しつつ、ＡＩ自身が学習していく。

流れとしては、次のようになる。

利用者の質問入力
←
ＡＩによる入力内容の理解
←
学習データベースからＡＩが適切な回答を選択
←
画面に回答を表示し利用者に提供

「利用者が入力した質問やキーワードを基に適切な回答や関連ウェブページを検索・表示する処理にＡＩを活用しており、ディープラーニングや多言語対応機能等は実装していない」という（注1）。

実証実験導入の背景には、次のものがあった（注2）。

①住民サービスへの課題
・ライフスタイルの多様化に伴い複雑化する制度や業務、多様化する住民ニーズへの対応
・多言語対応、視聴覚障がい者との円滑なコミュニケーション対応
・分野横断的な情報提供、ワンストップサービスの実現

②自治体が抱える課題
・超高齢化、少子化、税収入の減少
・職員数の減少、ベテラン職員のノウハウ継承、業務改善・働き方改革
・住民サービスの形態変革に対応
・膨大な情報の管理・整理、的確かつタイムリーな情報提供

この実証実験においては、次の観点での一定の成果を獲得することを目標としていた。

・電話・窓口での問合せ対応業務をＡＩが代替し、職員の業務負担を軽減
・ベテラン職員のノウハウを継承
・分野を横断した情報提供（複数にまたがる部署や制度・業務を関連付ける）
・住民のライフスタイルの変化に対応した情報提供
・行政分野におけるＡＩ活用の手法・効果・課題を整理
・問合せ内容の蓄積データ等を基に、新たな知見を得る

川崎市は専用ウェブページ（ママフレ川崎市版）を開設し、利用者はパソコンやスマホ等でママフレ内のメニューから対話型ＦＡＱサービスに遷移する。遷移後の画面は図２−２のようなものだ。

この実証実験と併せて、利用者を対象としたウェブアンケート調査も実施された。その結果、回答を得た川崎市民１０３人のうち、72人（70％）が女性、31人（30％）が男性だった（注２の【実証実験報告書】より。以下同じ）。年齢別に見ると、30歳代が45％、40歳代が26％、20歳代が21％となっており、こどもの年齢別では、１歳未満が19％と最も多く、１歳が14％、２歳が14％、３歳が15％などとなっていた。

利用端末では、「スマホ」が83%、「パソコン」が16%、「タブレット」が2%となっており、圧倒的多数がスマホでの利用だった。また、継続利用の意向を確認したところ、90人（87%）が「継続してほしい」という意見だった。

本サービスの良かった点（複数回答）としては、「24時間使える」（66%）、「電話、窓口より気軽」（50%）、「直感的で使いやすい」（29%）、「知りたいことが簡単にわかる」（24%）などとなっており、24時間気軽に使えることについての評価が高かった（図2－3）。

他方で、改善すべき点（複数回答）についても聞いている。「子育て支援以外

図2－2

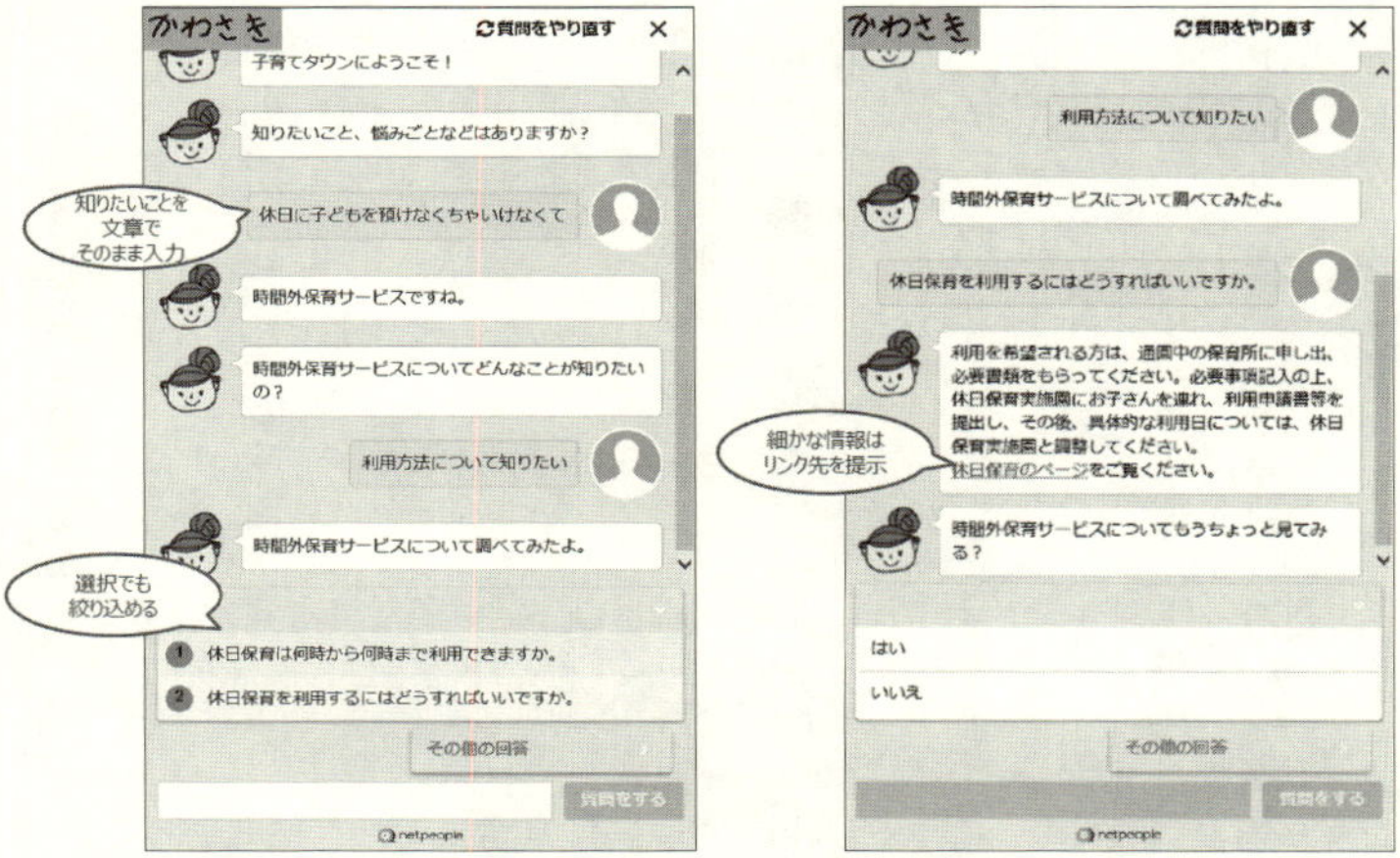

出典：三菱総合研究所「AIによる問い合わせ対応サービスについて」
https://www.mri.co.jp/news/seminar/uploadfiles/doc02_20170605.pdf

図２－３　本サービスの良かった点（複数回答）

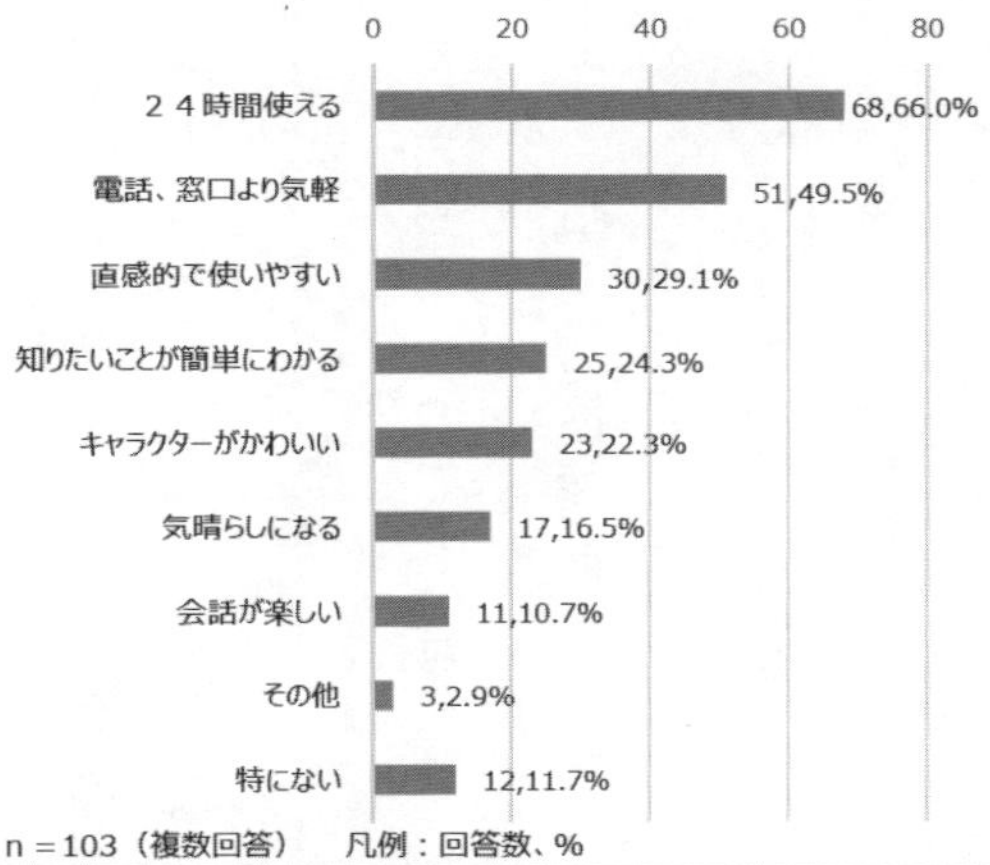

出典：川崎市総務企画局情報管理部ICT推進課『「AI（人工知能）を活用した問合せ支援サービス実証実験」【実施結果報告書】』（2017年３月）（図２－４も同じ）
http://www.city.kawasaki.jp/170/cmsfiles/contents/0000086/86637/AI0306.pdf

図２－４　本サービスの改善すべき点（複数回答）

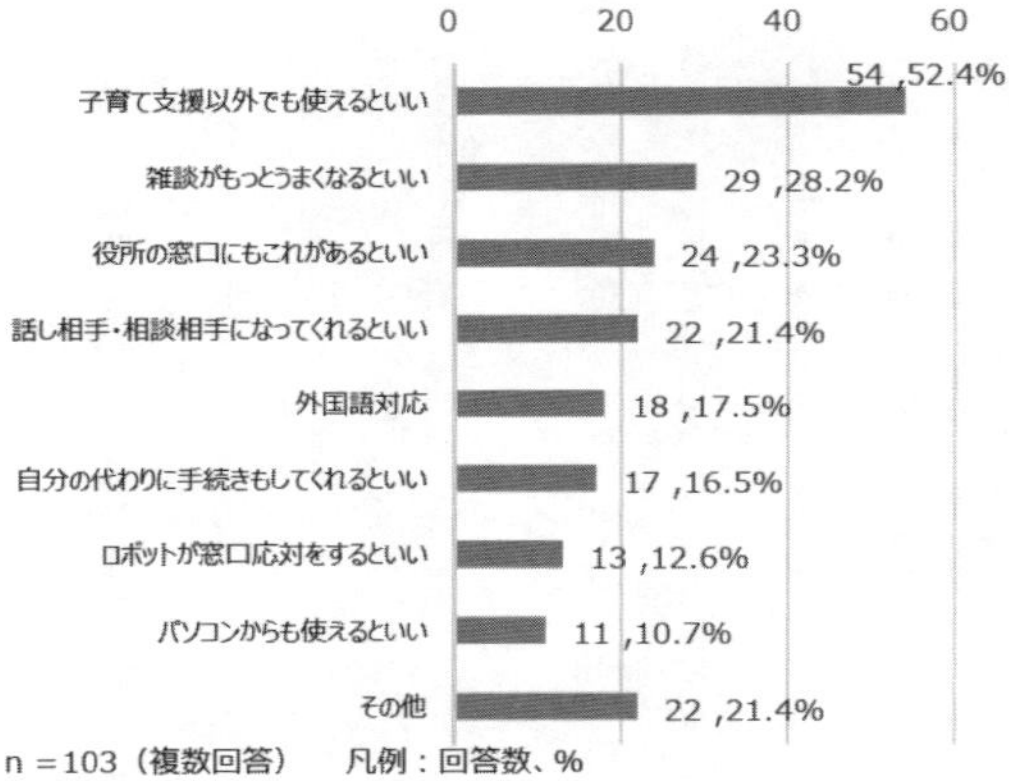

でも使えるといい」(52%)、「雑談がもっとうまくなるといい」(28%)、「役所の窓口にもこれがあるといい」(23%)、「話し相手・相談相手になってくれるといい」(21%)などで、さまざまな行政分野についての要望が多かった。

その拡張すべきサービス分野(複数回答)について聞いたところ、「税金・年金」(53%)、「観光・イベント」(52%)、「高齢者支援・介護」(52%)、「防災・防犯」(50%)、「健康・医療」(50%)の割合が高かった。

◆拡大版チャットボット実証実験――30自治体×三菱総合研究所

以上の実証実験結果を踏まえて、サービス分野を拡張した実証実験が、2018年2月から3月にかけて三菱総合研究所と川崎市、掛川市を始め30以上の自治体(注3)が参加して行われた。今回は、子育て支援のみならず、引越し・住所変更の手続き、ごみの出し方、住民票や戸籍、各種書類の請求など住民からのさまざまな問い合わせ全般に対象を拡張している。

対話形式でAIが応答して必要な行政サービス情報を案内するという点は前回と同様である。サービスはクラウド型で提供され、各自治体は導入・サービス利用コスト負担を抑えるとともに、常に最新の技術を利用することができる。

ＡＩスタッフが回答できる行政サービス分野は次のとおりであり、非常に広範囲に及んでいる。

> 妊娠・出産、子育て、教育、結婚・離婚、引越し・住まい、就職・退職、高齢者・介護、ご不幸、戸籍・住民票・印鑑登録、税、国民健康保険、国民年金、水道・ガス・電気、交通、駐輪・駐車、都市計画、

図２－５

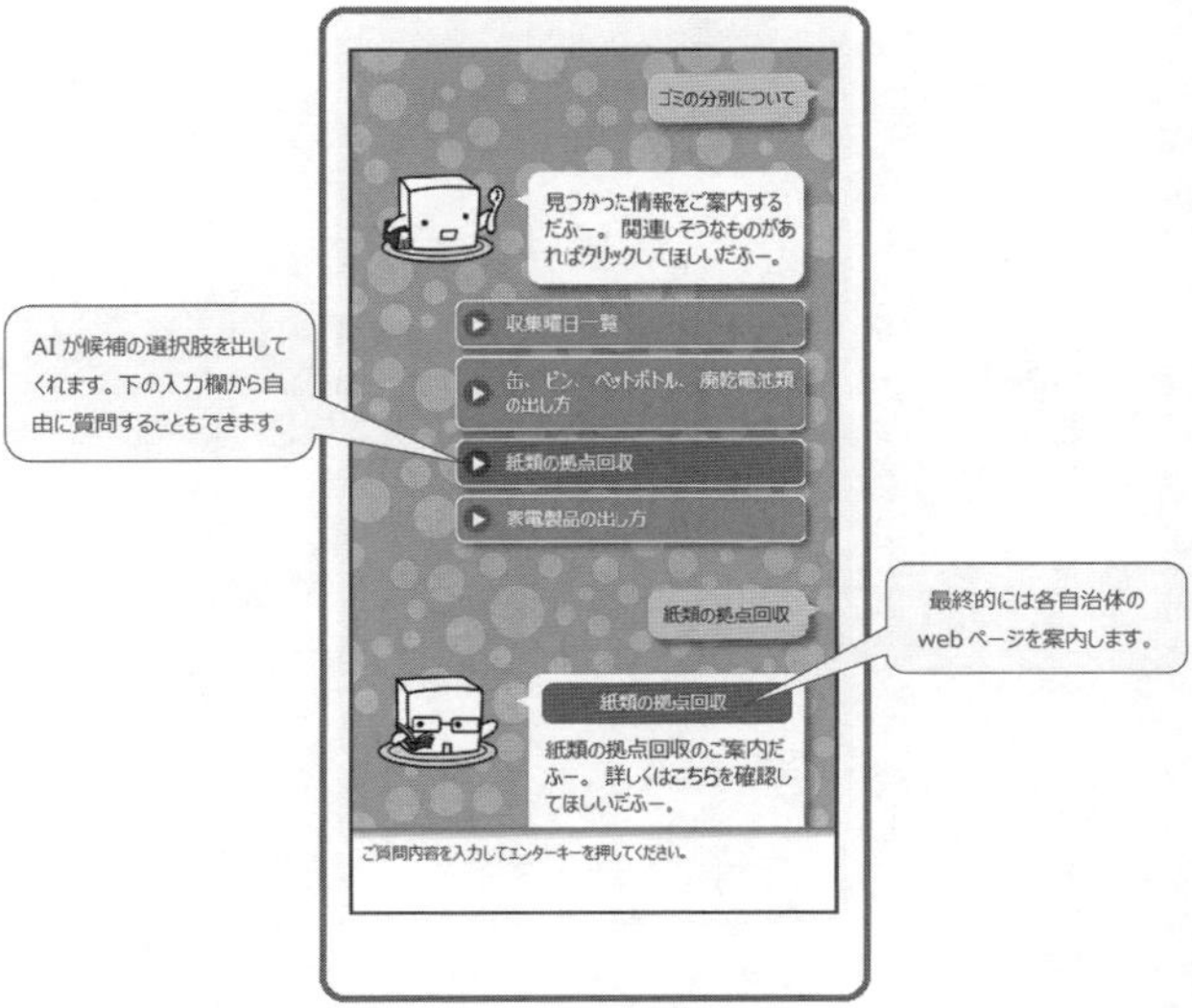

出典：三菱総合研究所ニュースリリース2018年２月19日
https://www.mri.co.jp/news/press/public_office/023508.html

ごみ・環境保全、食品・衛生、ペット、消費生活、健康・医療、文化・スポーツ・生涯学習、市民活動・コミュニティ、防災、防犯、救急・消防

実証実験結果を踏まえて、2018年10月からの商用サービス化を目指すという。本書発刊時点においては、いくつかの自治体でこのサービスの利用が始まっているかもしれない。

◆イーオのゴミ分別案内—横浜市×NTTドコモ

同様の問い合わせサービスは、特定分野に限って言えば、多くの自治体で始まっている。例えば、横浜市資源循環局の「イーオのゴミ分別案内」は、NTTドコモとともに実証実験を2017年3月から行ったうえで、2018年4月からは本格導入している。

捨てるものの種類を入力すると、捨て方を教えてくれる。このアプリは一時かなり話題になった。それは、捨てるものとして、「旦那」「人生」「愛」などおよそゴミと関係ないものを入力すると、時に哲学的な回答をしてくれるからだ。ただ、これはもちろん人間が作成したデータがあらかじめ入っておりAIが考えて答えているわけではない。雑学など

図２－６

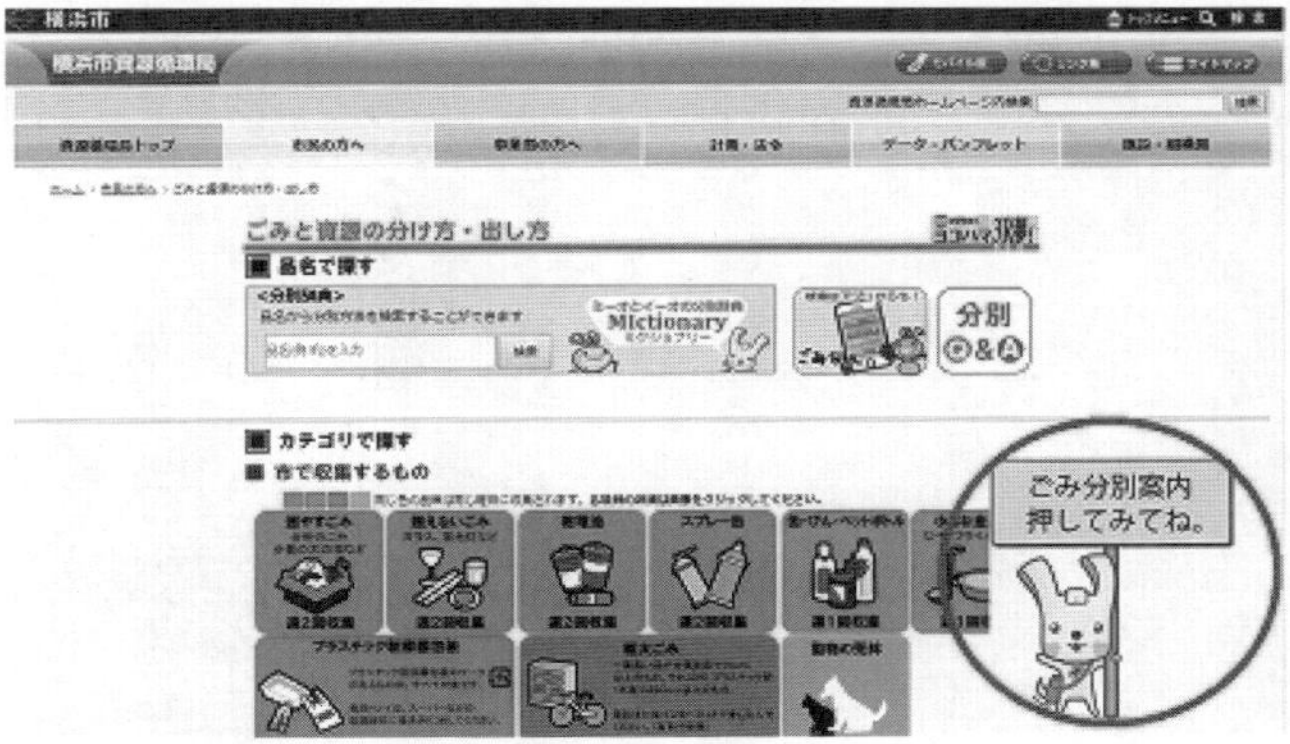

出典：横浜市資源循環局ウェブページ（図２－７も同じ）
http://www.city.yokohama.lg.jp/shigen/sub-shimin/study-event/chatbot.html

図２－７

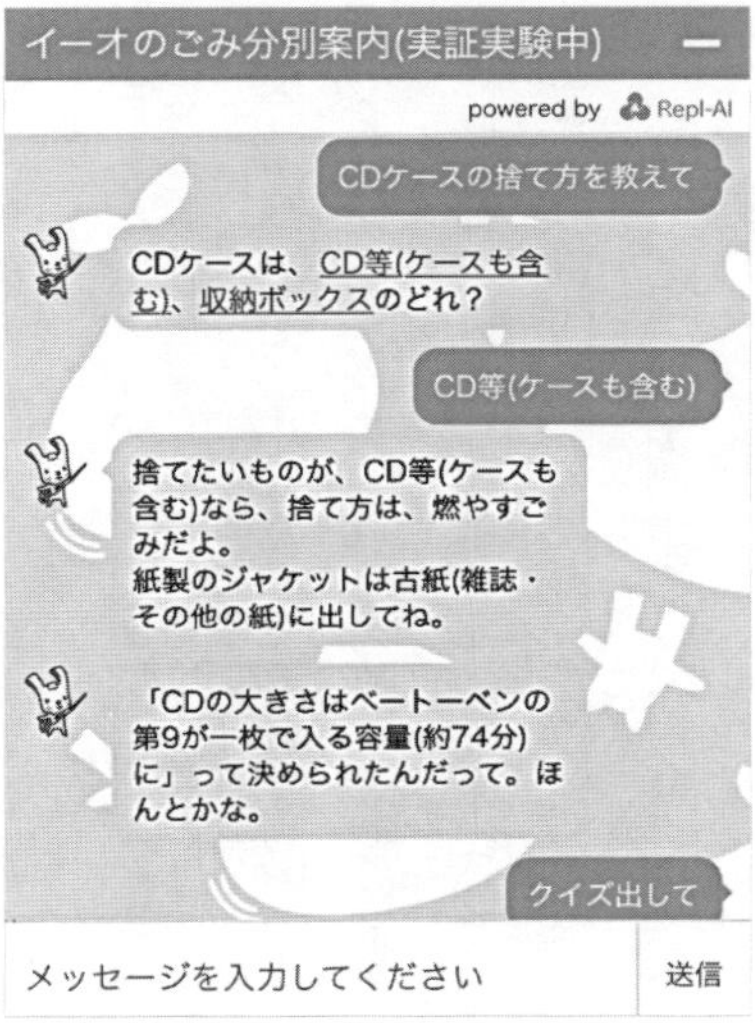

も案内することで、ごみ分別に親しみを持ってもらう効果があったようだ。実証実験期間の10か月で203万件の利用があったという。イーオ君の回答は、「生協の白石さん」（2004年から東京農工大学の生協に勤務し、学生からの質問・意見カードに軽妙洒脱な回答をしたことで話題になり、書籍化もなされた）を彷彿とさせる。

◆移住・定住促進―岡山県和気町の「わけまろくん」

岡山県和気町でも、2017年11月、IBMのワトソンを活用した自動会話プログラム「わけまろくん」のサービスを開始した。ウェブサイトおよびスマホのLINE上で動作する。利用者が和気町のことに関する質問をすると、画面上で、わけまろくん（和気町のご当地キャラクター）が色々な情報を案内する。利用者は、質問を直接入力してもいいし、カテゴリーから聞きたい項目を選んでもいい。カテゴリーには、水道、ごみ、税金、子育て、介護などの生活にまつわる行政サービスに関する質問や、移住に関する各種制度などがあらかじめ用意されている。わけまろくんには、AIによる自動翻訳も内蔵されている。住民サービスの向上を図るとともに、移住・定住の促進を目指している。

この取り組みの背景には、町を挙げた独自の移住・定住施策への注力と、施策に対する町内の部門を超えた理解があったという。和気町では、人口の社会動態の数が、２０１５年１１２人減、２０１６年99人減だったのが、２０１７年には49人増とプラスに転じた（注４）。移住者数も２０１７年度には前年度同期比で３倍程度に大幅に増加している（２０１５年度14世帯28人、２０１６年度41世帯80人だったが、２０１７年度２月時点で51世帯85人）。英語特区を導入したり、町主導の「公営塾」を始めたり、高校卒業までの医療費を無料化したり、幼稚園や保育園の利用料の一部を無料化するなど、子育て世代の移

図２－８

お知らせ

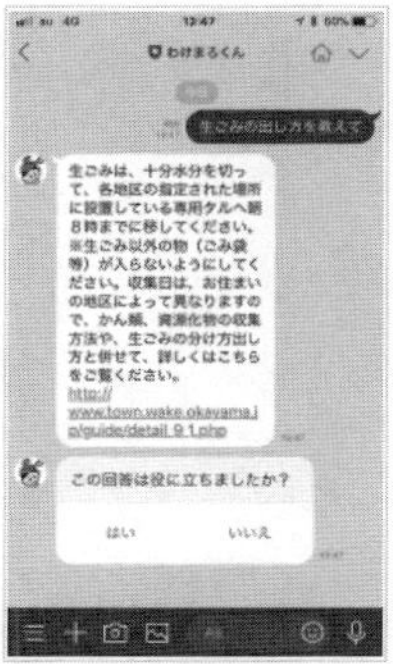

LINEイメージ画像

2017.11.21

自動会話プログラム「わけまろくん」の運用を開始します。【地方創生課】

わけまろくんが、和気町のことにお答えします。

和気町では、住民サービスと移住・定住促進のため、IBMの人工知能「Watson」を活用した自動会話プログラム「わけまろくん」のサービスを11月22日（水）より開始します。「わけまろくん」は、スマートフォンアプリ「LINE」やホームページ上で動作する対話形式のサービスで、利用者が和気町のことを質問すると様々な情報を案内します。
※「わけまろくん」は、現時点では答えられない質問についても、皆様からの質問を学習することで、さらに賢く成長していきます。

◇「わけまろくん」へのアクセス方法
○チャットサイト
和気町公式ホームページのトップページ右上にあるリンクバナー「わけまろくんの部屋」をクリックしてください。
「わけまろくんの部屋」
https://waketown-wake-okayama-jp.com/webchat/
○LINE
スマートフォンアプリ「LINE」をインストールしたスマートフォンまたはタブレット端末で下記のURLへアクセスして友達申請をしてください。
https://line.me/R/ti/p/%40kpx0947e
（LINE　ID：@kpx0947e）

出典：和気町ウェブサイト
http://www.town.wake.okayama.jp/information/detail.php?id_information=660

住・定住促進を進めた結果が表れてきた形だ。それを加速させようとＡＩを導入して、町外の利用者が移住・定住を検討するきっかけをつくることをも目指している。

◆札幌市のコールセンターと自動応答システム開発

札幌市は、２００３年、全国の自治体で初めて自治体コールセンターを開設し、現在に至るまで運用している。「ちょっとおしえてコール」というそのセンターは年中無休、毎日8時から21時まで営業しており、いまは、日本語のみならず、英語、中国語、ハングルにも対応している。当時、ＩＣＴ活用が言われ、自治体情報のホームページでの公表が進められつつあった時代だが、他方で、デジタルデバイド（ＩＴを使う市民と使わない市民との情報格差）の問題もあった。そこで、それを解消する目的で、市民からの問い合わせのワンストップサービスとして始められた。

コールセンター自体は専門業者に外部委託し、各種情報を札幌市が提供するという形で始められた。札幌市の制度や手続きなどの問い合わせだけでなく、施設、行事、公共交通案内などに対応している。札幌市から提供されている情報だけでは十分回答できないときは、担当窓口の電話番号を案内する。

コールセンターでは、問い合わせごとに、「お問い合わせ内容」「回答に近い内容が含まれるＦＡＱの番号」「メモ：利用者とオペレータのやり取りの詳細」「応対時間」「主管部署」などの情報が登録されていく（個人情報は含まない）。１日約４００件超、年間約16万件の相談実績があり、２００６年以降の１４０万件がビッグデータとして蓄積されている（注5）。

札幌市では、このビッグデータをもとに市内の企業に委託して自動応答システムの試作版を開発することを、２０１７年度１５００万円の予算で進めた。受託企業はＡＩの反復学習を進め、文字で会話するチャット形式の入力フォームから質問項目を入力すると、コールセンターの職員が回答するのと同じ情報を自動表示できるようにする。

札幌市内にもＩＴ企業は数多くあるが、ビッグデータの提供元が少なく、したがって開発の機会が少ない現状がある。そこで、札幌市がデータを提供し、地場のＩＴ企業が中心となって試行的にシステムを開発する実証実験を行った。市内のＩＴ企業育成の一環という位置付けだ。

次のフェーズとしては、実証実験の結果得られた成果の一つである、「自然言語解析エンジン」（固有表現抽出（注6））を公開するとともに、試行開発で得られた開発技術やノウハハウを地場のＩＴ企業に還元して共有することを目指している。

◆イベント期間限定チャットボット―阿波おどりの問い合わせ：徳島県

期間限定で、イベントなどの問い合わせに対応するものもいくつかの自治体で進められている。

例えば、徳島県では「阿波おどりＡＩコンシェルジュ」を期間限定で設置した。徳島市の阿波おどりは毎年約10万人の踊り子が参加し、海外を含む県外からの人出は約１２０万人にのぼる。

主催者だけでなく、徳島県や徳島県観光協会も毎年8月12日から15日までの開催期間中、電話の問い合わせに対応したり、ＦＡＱ検索サービスを提供したりして対応してきた。だが、スタッフ数や問い合わせ時間帯が限られ、また外国人観光客の増加に伴い外国語のできるスタッフが不足していた。このようにサービス向上を何とかできないかという課題があったことから、チャットボットによる問い合わせ対応の実証実験を行った。

阿波おどりＡＩコンシェルジュは気軽に問い合わせることができること、24時間対応であること、海外からのお客さんへも対応できることなどから、実証実験は有用性が認められたとされる。

ＡＩ活用の有用性が示されたことから他分野での応用可能性が検討された。その結果、民泊新法によって民泊事業者からの問い合わせが予想される業務において、２０１８年３月からＡＩを活用したＦＡＱサービスを開始している（https://tokushima-minpaku-ai.jp）。

図２－９

出典：https://www.pref.tokushima.lg.jp/ippannokata/sangyo/ict/5007841
「徳島県共同プレス資料」

第2節 会議録作成、要約作業のＡＩ

◆各地に広がる会議録作成へのＡＩ活用

自治体で開催される審議会等の会議録作成は、かなり面倒な作業だ。業者委託している場合もあるが、時間節約や費用節約の観点から自前での作成を余儀なくされる場合も多い。これを、ＡＩの音声認識機能を用いて文字起こしをさせようとする動きも始まっている。

音声認識ソフトを使った議事録作成は、一部の自治体では以前から行われていたが、変換効率が低く、なかなか実用に耐えるものではなかった。文書を読み上げる場合にはほぼ認識できても、話し言葉や方言などはほとんど認識してくれなかった。

ＡＩによる音声認識学習はこの欠点を解消する。地名や専門用語、方言、話し言葉などをＡＩに学習させることで変換効率が飛躍的に向上するようになってきているのだ。

滋賀県では、２０１７年11月から12月、一部の会議や記者会見で試験導入し、文字起こしの時間が半減した。２０１８年7月からは本格導入する予定だ。

大阪府でも2018年度予算に関連経費200万円を計上した。庁内の会議450件、1200時間の会議録作成において、全面的にAIを使った音声認識システムにより行うという。すでに提案型公募による業者選定も終わって実施段階に入っている（http://www.pref.osaka.lg.jp/it-suishin/onsei/index.html）。

同様の会議録作成にAIを活用している自治体は、愛媛県、岡山県などいくつかの自治体で始まっているが、その中でも、徳島県の取り組みは特筆される。項を改めて詳しく見てみよう。

◆徳島県の取り組み—会見録・会議録作成と要約サービスの導入（注7）

徳島県では、知事記者会見の会見録を会見終了後数時間で提供するとともに、全文を読む時間的余裕の無い県民に向けて、会議録を要約して提供するサービスの実証実験を2017年10月にスタートした。これは2段階からなる（注8）。

第1弾は、知事定例記者会見に関する「AI要約サービス」の提供である。まず、会見の「知事発表事項」を音声認識により自動テキストデータ化して、会見録（速報版）を作成する。音声認識・文字起こしにおいては、Google社のクラウド・スピーチAPIを活用している。また、文字起こしの誤変換（要修正箇所）等については、「リアルタイムマーキング」により、システム上で修正箇所をマークすることで修正を効率化する。当日午後2時までには知事会見録（速報版）を配信するとともに、それに対する「ＡＩ要約サービス」（「10％」までの好きな長さを指定）を専用サイトに掲載する（徳島県ホームページの専用バナーからアクセス）サービスを始めている。

　そして会見から2日後を目途に「知事発表事項の会見録（確定版）」を公表（速報と入替）し、それに対する「ＡＩ要約サービス」を専用サイトに掲載するとと

図2－10

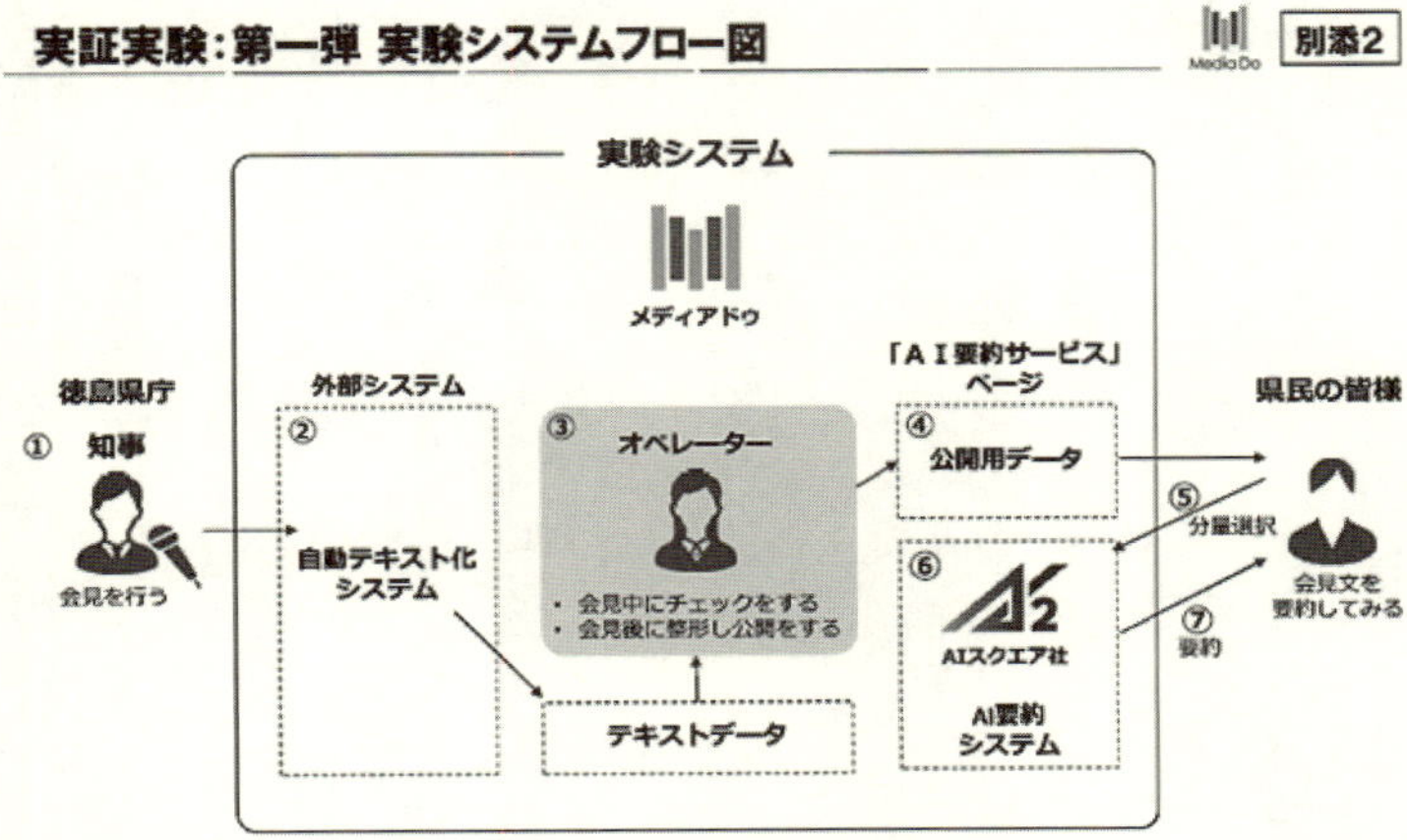

出典：徳島県ウェブページ「徳島発！「AI要約サービス」実証実験の実施について」（2017年10月30日）
「共同プレス資料」
https://www.pref.tokushima.lg.jp/ippannokata/sangyo/ict/5007840（図2－11も同じ）

もに、「知事会見全体の確定版」を徳島県ホームページに掲載する。

これまで会見録作成業務が全体として10時間かかっていたのが、５分の１の２時間に短縮された。また、従来は速報版の公表はなく、確定版も４日間かかっていたが、速報版の即日公表、確定版の２日後への短縮ができるようになったという。

要約サービスはユニークなものである。従来は、会見録を読む県民は全文を読むしか（あるいは個人的に飛ばし読みをするしか）なかったが、要約「率」（10％までの好きな長さ）を設定することにより、その長さに短縮された要

図２－11

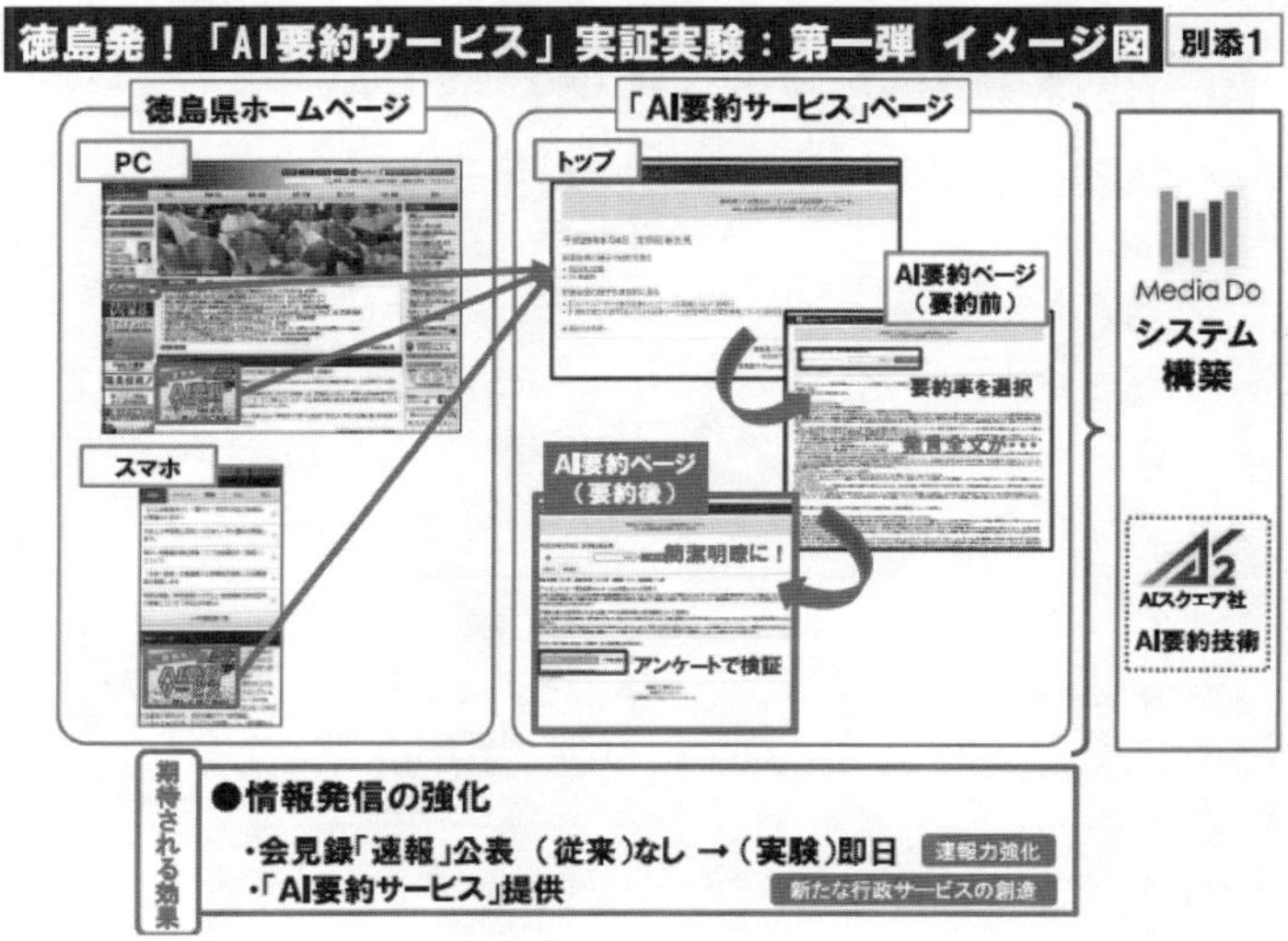

約が表示され、概要を把握する時間が短縮できるようになった。

第2弾として、過去の県審議会の会議録に対するＡＩ要約を進めた。これは徳島県のホームページに掲載している「県審議会の会議録」に対する「ＡＩ要約」を実施するものである。従来はフルテキスト版のみが提供されていたが、ＡＩ要約版を提供することにより、県民に対する新たな行政サービスの創造・展開につなげることを目指している。

また、第2弾においては、要約結果のハイライト表示機能が加わった。

これらの実証実験の結果は２０１８年3月に公表された（注9）。それによると、

図２－12

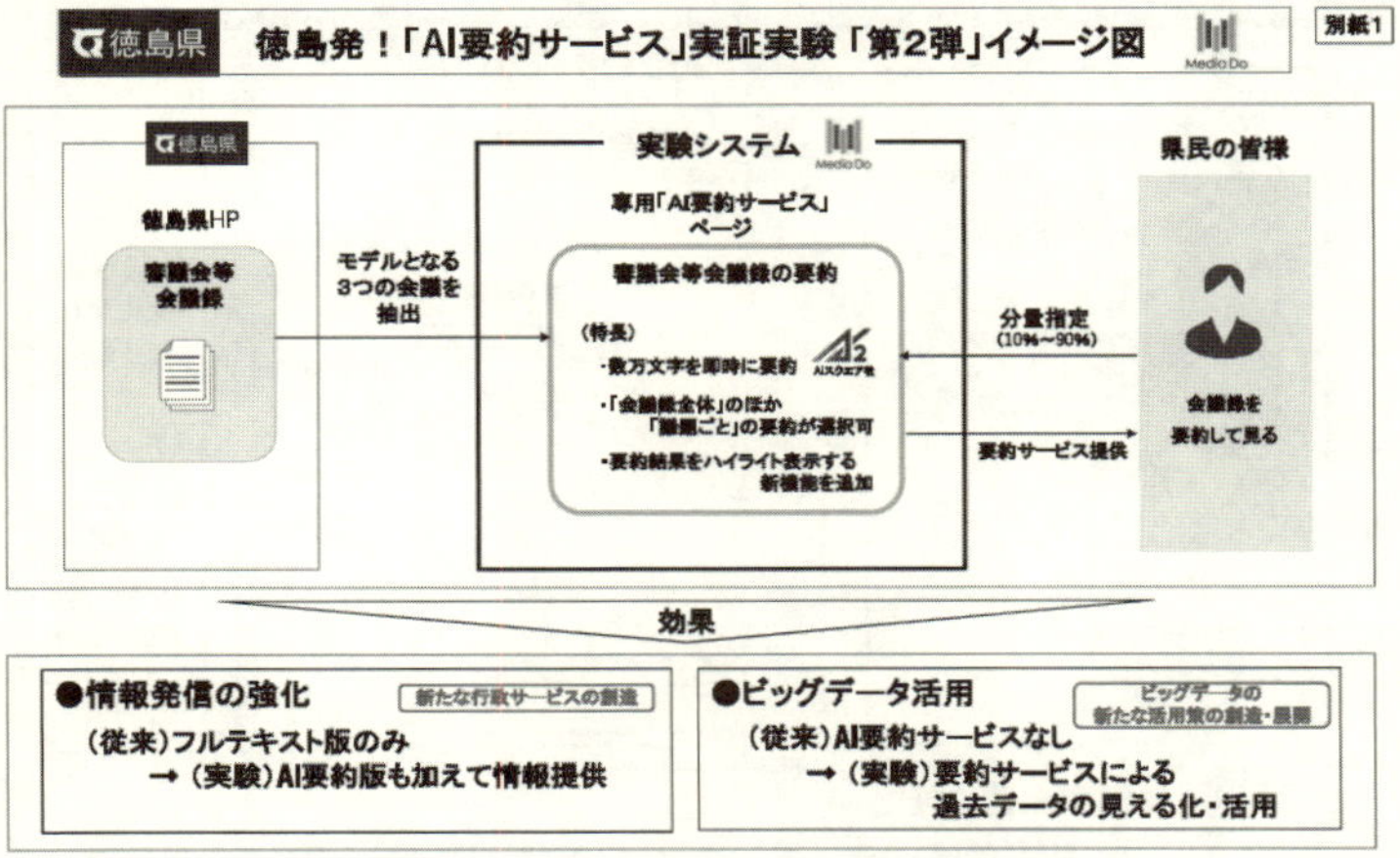

出所：徳島県ウェブページ：徳島発！「AI要約サービス」実証実験の「第２弾」開始について「プレス資料」
https://www.pref.tokushima.lg.jp/ippannokata/sangyo/ict/5009582（図２－13も同じ）

図２－13

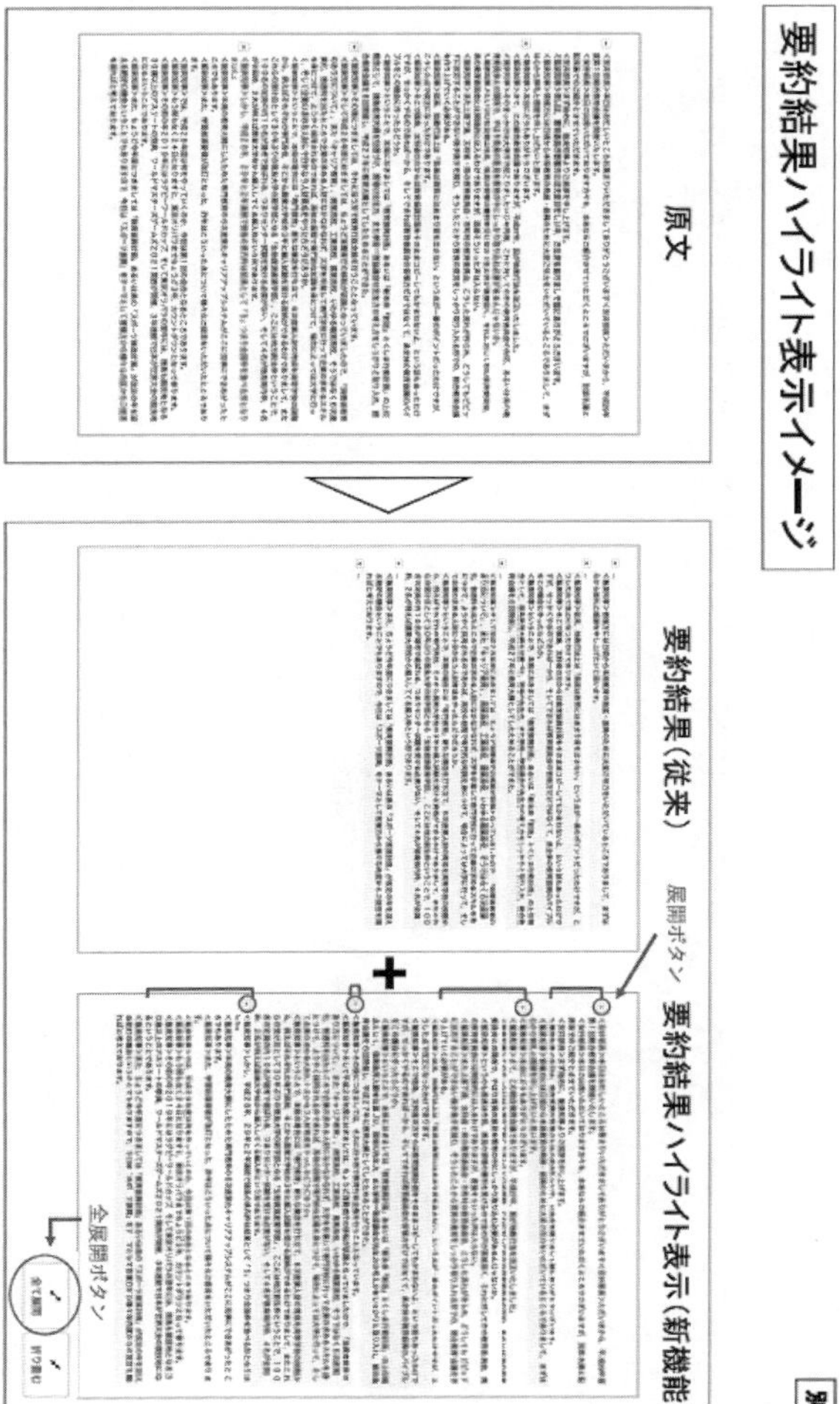
要約結果ハイライト表示イメージ
原文
要約結果（従来）
展開ボタン
要約結果ハイライト表示（新機能）
全展開ボタン
別紙2

実証実験を開始した2017年10月30日から2018年2月28日までの122日間において、第1弾（知事会見AI要約）では記者会見関連ページへの利用者からのアクセス数が従来比で2・2倍になった。また、要約サービスの提供数は、通算3万1143回（一日平均255回）にのぼっている。第1弾の利用者の満足度は、91%と高かった。

第2弾（審議会等AI要約）に関しては、実験期間43日の間の要約サービス提供数は通算1807回（一日平均42回）にのぼり利用者満足度も93%と高かった。

これらの結果から、実証実験は「高い評価」が得られたと徳島県は考えているという。

今後、実証実験結果や寄せられた意見を踏まえ、2018年度県当初予算において、「AI要約サービス」をはじめとするAI活用関連事業の予算化を行っており、早期の「実装」に向け諸準備を進めている。

第3節 定型業務の自動化にRPAやAIを活用

職員がパソコンで行っている定型業務をAIやRPAで代替することも実証実験から実用段階に入りつつある。

ＲＰＡとは、「ロボティック・プロセス・オートメーション（Robotic Process Automation）」の略で、人間がパソコン上で行うキーボード入力やマウス操作、コピー＆ペーストなどの単純作業を自動化する技術のことをいう。この名称は、２０１６年に輸入され、その後、外資系コンサルが日本で宣伝を始めて認知が広がった。

ＲＰＡは一般的に、キーボードやマウスを用いて処理する定型業務やルーティン業務に向いている。例えば、「メールを受信して、開封し、添付書類を開いて、そこにリスト化されているデータを別のファイルに転記入力し、メールを送信する」といった複数のルーティン業務だ。人よりも作業速度が速く、また勤務時間が限られている人間と違って、24時間３６５日（年８７６０時間）稼働させることが可能なので作業量もけた違いに多くなる。しかも正確だ。

民間の保険会社が営業事務のほとんどをＲＰＡに移行する例があるように、膨大な量の単純作業をＲＰＡやＡＩに代替させようとする試みは、ここ2、3年で飛躍的に増えてきており、自治体でも始まっている。茨城県つくば市、熊本県宇城市、長野県の例を見ていこう。

◆茨城県つくば市

茨城県つくば市では、ＮＴＴデータグループとともに、ＲＰＡを活用して、定型的で膨大な業務プロセスを自動化する実証実験を行った。共同研究では、つくば市役所職員のアンケートやヒアリング結果をもとに、定型的かつ膨大な作業量が発生する業務を抽出し、業務量、難易度、ＲＰＡの作業特性等を評価したうえで、ＲＰＡソフトをつくば市の既存システムに導入した。職員の稼働時間の削減効果がどれくらいあるのか、ミスの軽減による業務品質向上等の改善効果がどれくらいあるのかを測定し、ＲＰＡの適合可能性が高い業務や処理を分析した。

効果が見られたものとして市民税課の業務がある。特に確定申告時期の税務処理には多くの職員の労働時間が割かれている状況にあったが、ＲＰＡを活用することにより、「作業時間の短縮（効率化）」と「ミスの少ない正確で的確な処理」の効果を見出した。

市民税課では、新規事業者登録や電子申告の印刷作業等の全5業務にＲＰＡを導入した。その結果、３か月で約１１６時間の労働時間の削減、年間換算で約３３６時間の削減見込みとなった（４２４時間44分➡88時間18分（削減率79・２％、43・４日削減換算））。

図2－14　RPAの活用イメージ

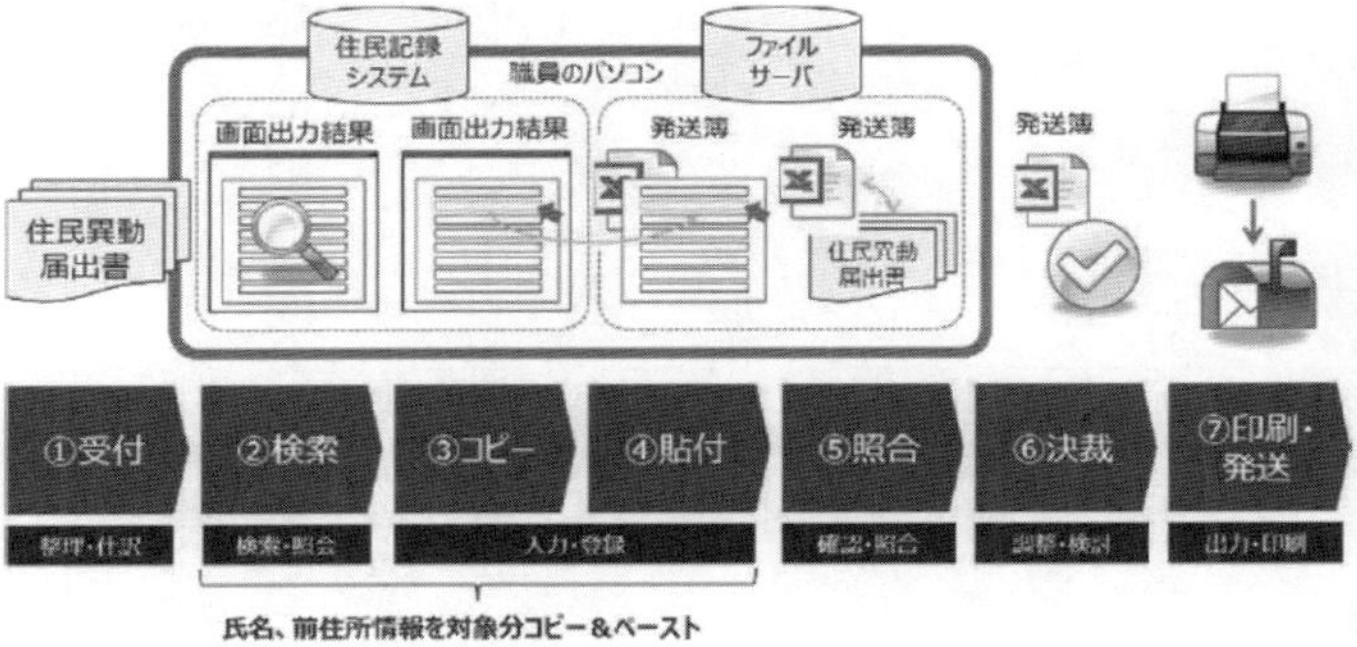

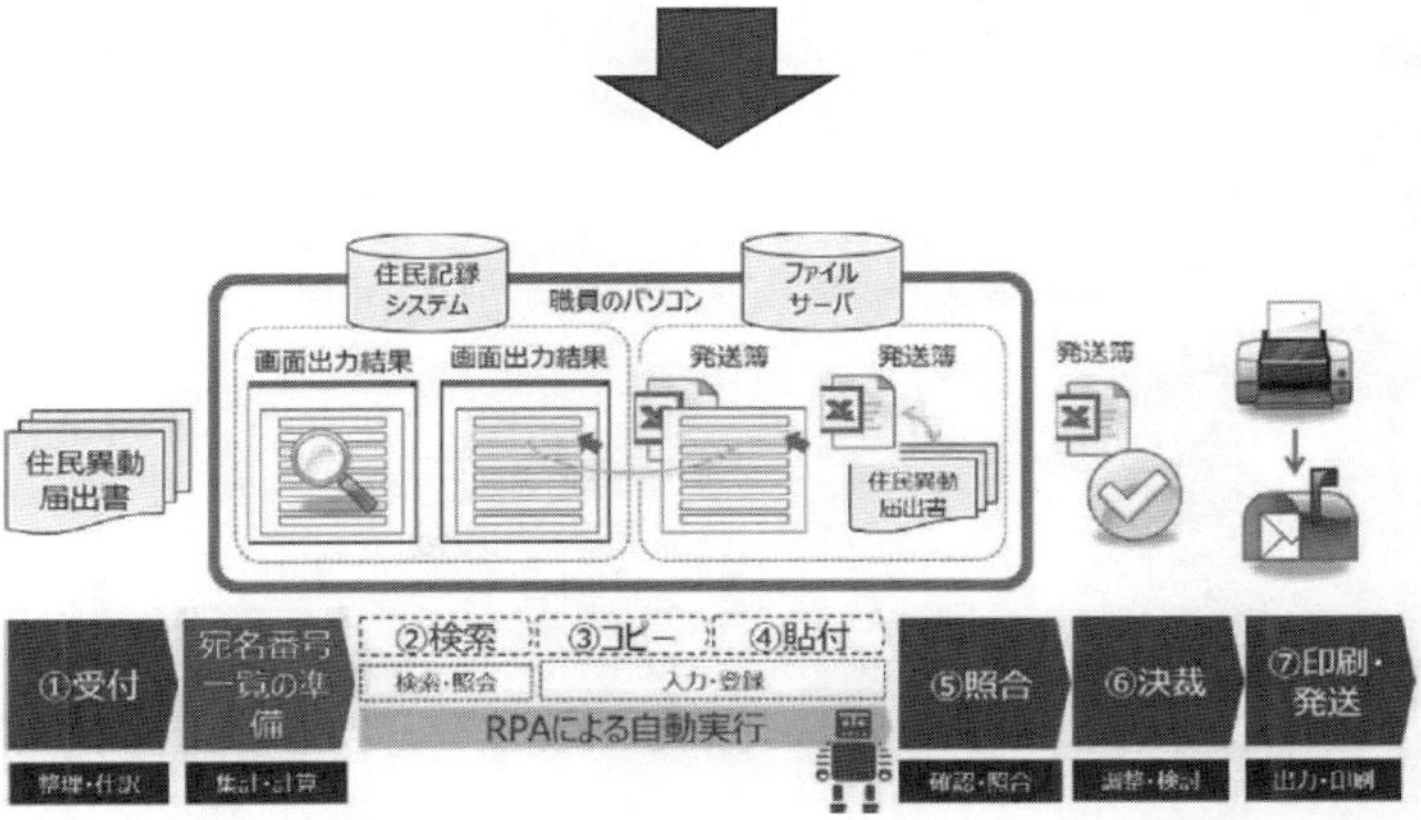

出典：つくば市報道資料「自治体で全国初：RPAで働き方改革。対象業務で約８割の時間削減」(2018年５月10日)
http://www.city.tsukuba.lg.jp/_res/projects/default_project/_page_/001/003/854/RPA_pr0510_vo2.pdf

市民窓口課の異動届受理通知業務にもRPAを導入し（図2－14）、結果として、3か月で約21時間の削減、年間換算で約71時間の削減見込みとなっている（85時間⬇14時間10分（削減率83・3%、9・1日削減換算）（図2－15））。

◆熊本県宇城市の例

次に総務省の2017年度業務改革モデルプロジェクトの提案事業に応募して選ばれた、熊本県宇城市の事例を見てみよう。宇城市では、BPR（注10）による業務フローの改革とならんで、RPAを「ふるさと納税」業務と「時

図2－15

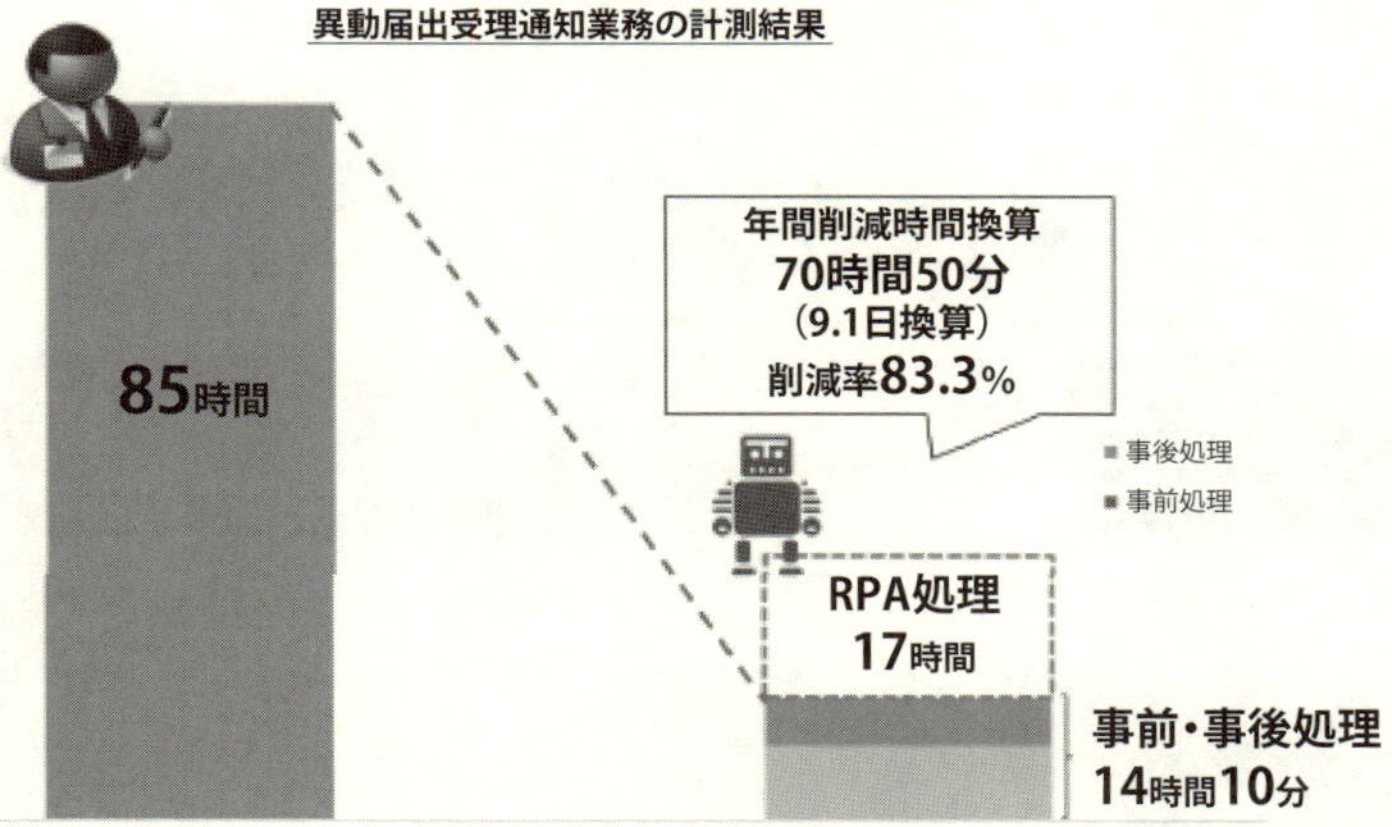

出典：つくば市・NTTデータグループ「RPAを活用した定型的で膨大な業務プロセスの自動化共同研究実績報告書」（2018年5月）46頁
http://www.city.tsukuba.lg.jp/_res/projects/default_project/_page_/001/003/854/rpa_report0510.pdf

間外申請（時間外勤務手当計算業務）」に活用する実証実験を行った。宇城市としては、RPAの導入によって削減できた時間を、地方創生業務や震災からの復興業務、その他の付加価値の高い業務等への人材の配置転換や業務時間再配分に振り替えることを目的として導入した。それが結果として、人件費の削減につながれば一石二鳥だと考えている（注11）。

宇城市は、本事業において、外部委託やRPAの導入の可否を検討するために、業務の棚卸作業を実施している。窓口業務や内部管理を担当する職員が、業務内容、作業工程、作業時間などを記載した棚卸表を作成する。それに基づいて、市長政策室行政経営係が民間事業者と連携して事業課ヒアリングを行い、作業工程ごとに外部委託やRPAの導入可否について仕分けを行っていった。

ただ、RPAを適用できる業務について未知な部分もあったことから、まずは身近な業務へRPAを導入してRPAの概念を理解し、そこから見える課題その他の業務への適用の可能性を検討するのが近道と考えた。そこで、自部署で担当していた「ふるさと納税業務」についてまず、実証実験を実施した。

これまでは、ふるさと納税関連業務は、図2－16のように、メールの受付、受付管理サイトからのデータのダウンロード、ふるさと納税データのCSV形式の作成、行政業務システ

図2－16　ふるさと納税業務フロー図（現状）

■業務フロー図

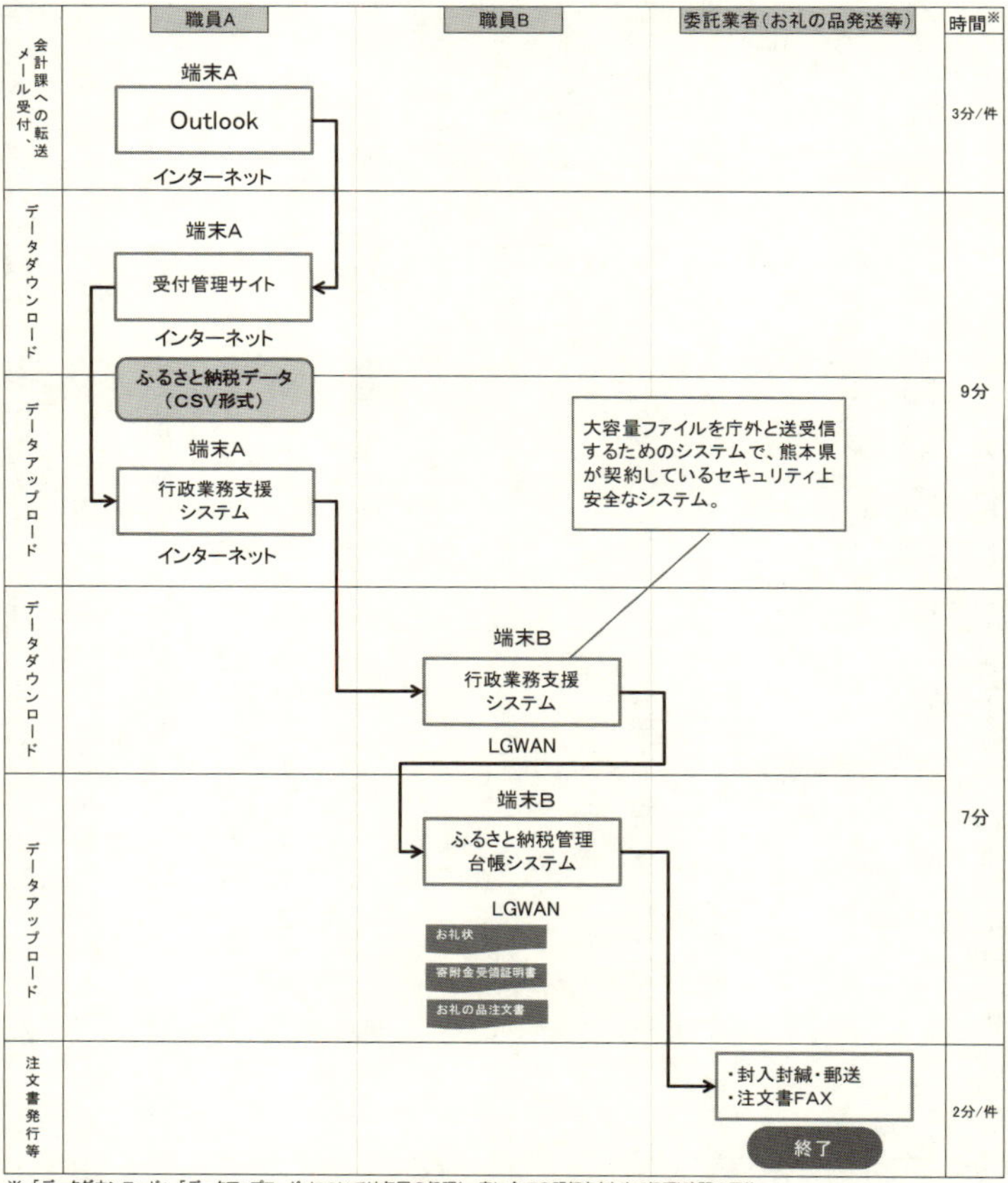

※「データダウンロード」、「データアップロード」については毎回の処理(一度に全ての明細をまとめて処理)時間の平均。
「メール受付、会計課へのメール転送」、「注文書発行等」については1件当たりの処理（一部の明細についてのみ処理）時間。

出典：宇城市『RPA等を活用した窓口業務改革に係る調査分析等支援業務報告書』41頁
http://soumu.go.jp/main_content/000540332.pdf

図2－17　ふるさと納税業務フロー図（RPA導入後）

■業務フロー図

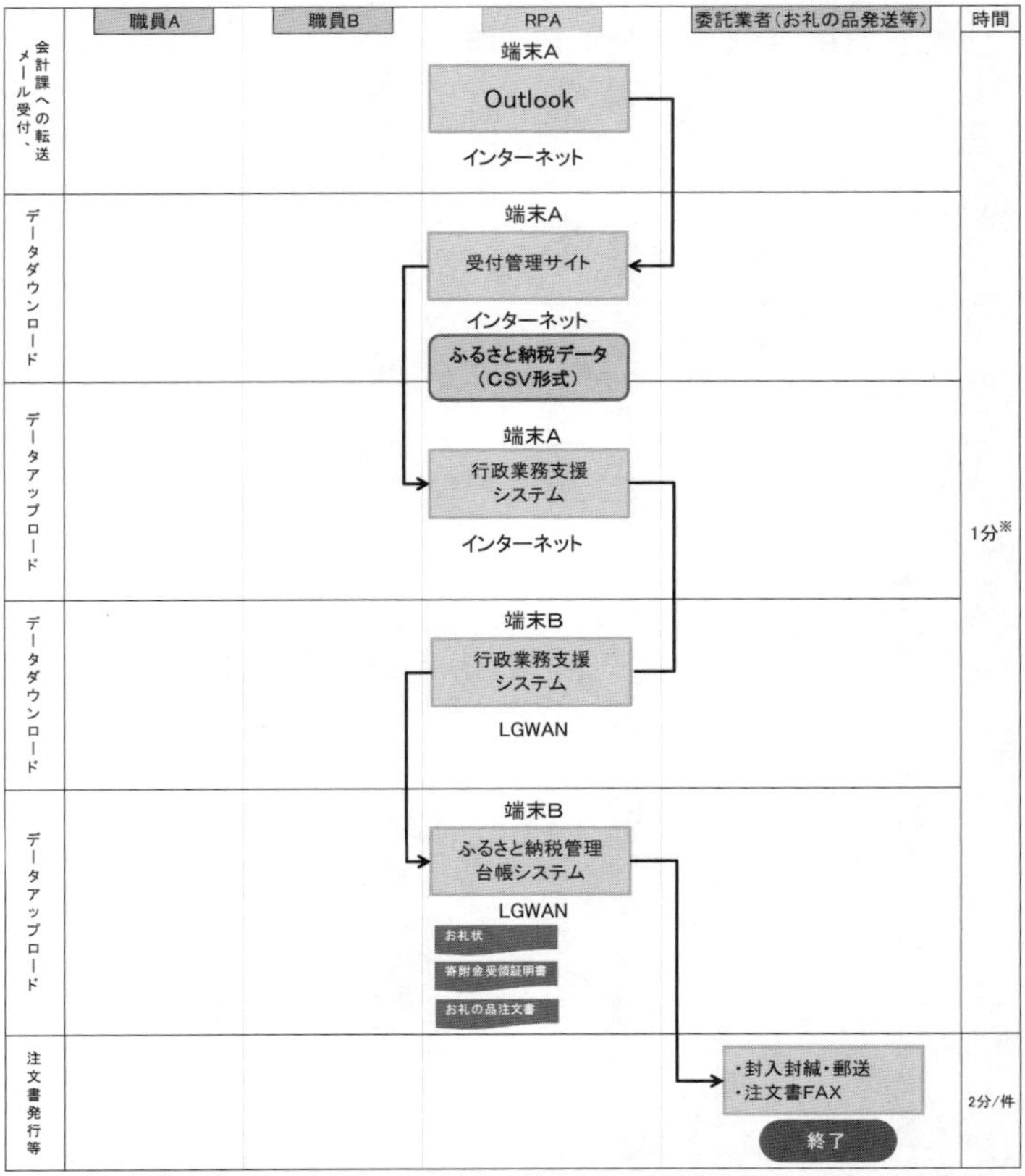

※「メール受付、会計課へのメール転送」、「データダウンロード」、「データアップロード」については毎回の処理(一度に全ての明細をまとめて処理)時間の平均。
「注文書発行等」については1件当たりの処理（一部の明細についてのみ処理）時間。

※　処理時間については、現在実証実験中につき可視化するため、意図的に遅くしている。

出典：宇城市『RPA等を活用した窓口業務改革に係る調査分析等支援業務報告書』42頁

ムへのアップロード、他の職員による行政業務システムからのデータのダウンロード、ふるさと納税管理台帳へのデータのアップロードなどを職員の手作業で行っていた（図2－16）。

ＲＰＡ導入により、ふるさと納税業務についてこれまで職員が手作業で行っていた端末操作をすべて自動化した（図2－17）。その結果、職員の負担は大幅に軽減され時間外勤務も不要になった。宇城市はふるさと納税業務にＲＰＡを導入したことによるメリットとして次のものを挙げている（注12）。

①作業時間帯
・勤務時間中に行っていた作業が、時間外や休日にも作業可能となる。
・夜間や休日に業務を実施することにより、職員の出勤時に業務は完了する。
②事務ミス
・ＲＰＡを導入した作業においては、事務ミスは解消する。
③住民（利用者）サービス
・これまで業務時間中に行っていた業務が自動化されることにより、空いた時間を住民サービスへ配分することが可能となる。

④定性評価
・ＲＰＡは24時間作業が可能なため、職員は時間外勤務が不要となる。

実証実験では、人の目で作業状況を確認できるようＲＰＡの処理速度を調整しているが、機械の可能な速度に上げると（戻すと）作業速度は飛躍的に速くなる。

次にふるさと納税業務以外の業務として、「時間外申請（時間外勤務手当計算業務）」が挙げられた。これまでは各部署が紙ベースで申請等を行い、総務課にて集計処理されており、そのための人手が必要だった。実証実験では、各自がシステムに申請内容を入力する方式に移行し、ＲＰＡによる集計を可能にした。それにより、総務課職員の作業が不要となって、職員の負担は大幅に削減された（注13）。

図２－18　宇城市「ふるさと納税業務」の従事時間削減イメージ

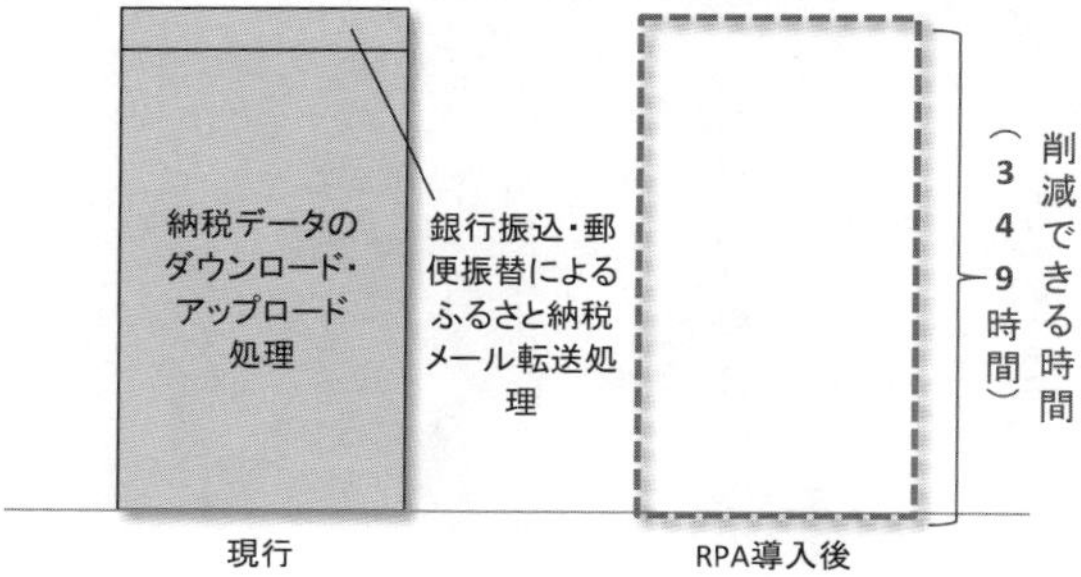

その他の業務への適用について、棚卸作業によって得られた各工程の作業時間と取扱い件数のデータから計算して、宇城市においてＲＰＡが適用できる時間数は、窓口関連だけで約2万3000時間あることがわかったという。

◆長野県の例

長野県は職員がパソコンで行っている定型業務を自動化するための調査や実証実験を2019年2月まで行っている。単純作業を自動化することにより、人間にしかできない仕事――政策の企画立案や当該事案の関係者間の調整など――に従事する時間を増やす狙いがある。

代替可能な業務の洗い出しは、ＩＣＴ企業に委託して調査してもらう。当該業務について、ＰＣ上での煩雑なデータの照合作業などを行うＲＰＡとＡＩを活用して、一部業務で導入する。

長野県の取り組みは、県の業務全般を視野に入れ、どの業務が適しているのかを探ることを求める「ＲＰＡ・ＡＩ適用業務調査実証開発業務」として位置付けている点が特徴的である。つまり、フロントオフィス（相談業務、許認可業務など）及びバックオフィス（各種集計・分析処理、帳票管理など）においてRPA・AIを利用した業務効率化を図ることができるのはどのような業務なのか、県行政事務全般について適用業務の調査、実証・開発を行うものだ。

業者に委託する業務内容には図2－19のものが含まれている。

RPA適用業務の選定は、対象候補として長野県から提示された担当課（室）等におけるヒアリングをもと

図２－19　実証開発業務の業務内容

(1) プロジェクト管理
- ①　本業務のスケジュール管理、人員管理等を含む総括
- ②　中間報告及び終了報告の実施

(2) RPA 適用業務調査実証開発
- ①　RPA 適用業務の選定
- ②　RPA 適用前の現状分析
- ③　RPA プログラムの作成
- ④　RPA プログラムの導入
- ⑤　RPA 導入後の効果検証
- ⑥　RPA ツール利用上の技術的指導

(3) AI の適用を含む提案資料の作成
- ①　AI 適用業務の選定
- ②　AI 適用前の現状分析
- ③　可能なものについては、AI プログラムの作成
- ④　可能なものについては、AI プログラムの導入
- ⑤　AI を適用した場合の効果等試算
- ⑥　AI 利用上の技術的指導

に実施する。ヒアリングの回数は1業務につき月1～2回程度で、選定する業務の数は3～5程度を予定している。なお、RPA適用業務の選定時に、選外となった業務についても、何らかの改善提案を提示することが求められている。

RPAのプログラム開発は、原則として受託者に依頼する。ただし、RPA適用業務の選定で選外となった業務のうち、RPA化が容易と見込まれるもの等については、長野県にて開発する可能性がある。そこで、長野県での開発も可能となるような環境を用意し、長野県での開発時には、必要な助言等を行うことが求められている。

AI適用業務の選定についても、RPA適用業務の選定同様、担当課（室）等におけるヒアリングをもとに実施する。ヒアリングの回数は1業務につき月1～2回程度で、選定する業務の数は1～2程度が予定されている（注14）。

実証開発業務の終了後、どのような業務に適用可能とされるのかが興味のあるところである。

第４節 災害情報要約ＡＩ

（独）情報通信研究機構（ＮＩＣＴ）は災害状況要約システム（D-SUMM：Disaster-information SUMMarizer）をウェブ上に試験公開している。

これは、ツイッターに投稿された災害関連情報をリアルタイムに分析するものである。エリア（都道府県や市区町村）を指定すると、当該エリア内での被災報告を瞬時に要約し、そのエリアの被災状況の概要が一目でわかるように提示される。これにより、行政（自治体、消防、警察、自衛隊）は各種救援活動や避難支援などをスムーズに行うことができる。ツイッター上のつぶやきである「火災が発生している」「家が燃えている」などの類似する被災報告を分類する際に、機械学習を用いている（注15）。

２０１６年４月の熊本地震の際のD-SUMM（熊本地震試用版）の出力例がＮＩＣＴのホームページに掲載されている。図２－20では、被災報告が熊本県内の自治体毎に提示されており、また、「建物」「ライフライン」「救助」といった被災報告のタイプ毎に整理して提示されている。ツイート数の多いものから順に並ぶようになっている。

図２－20

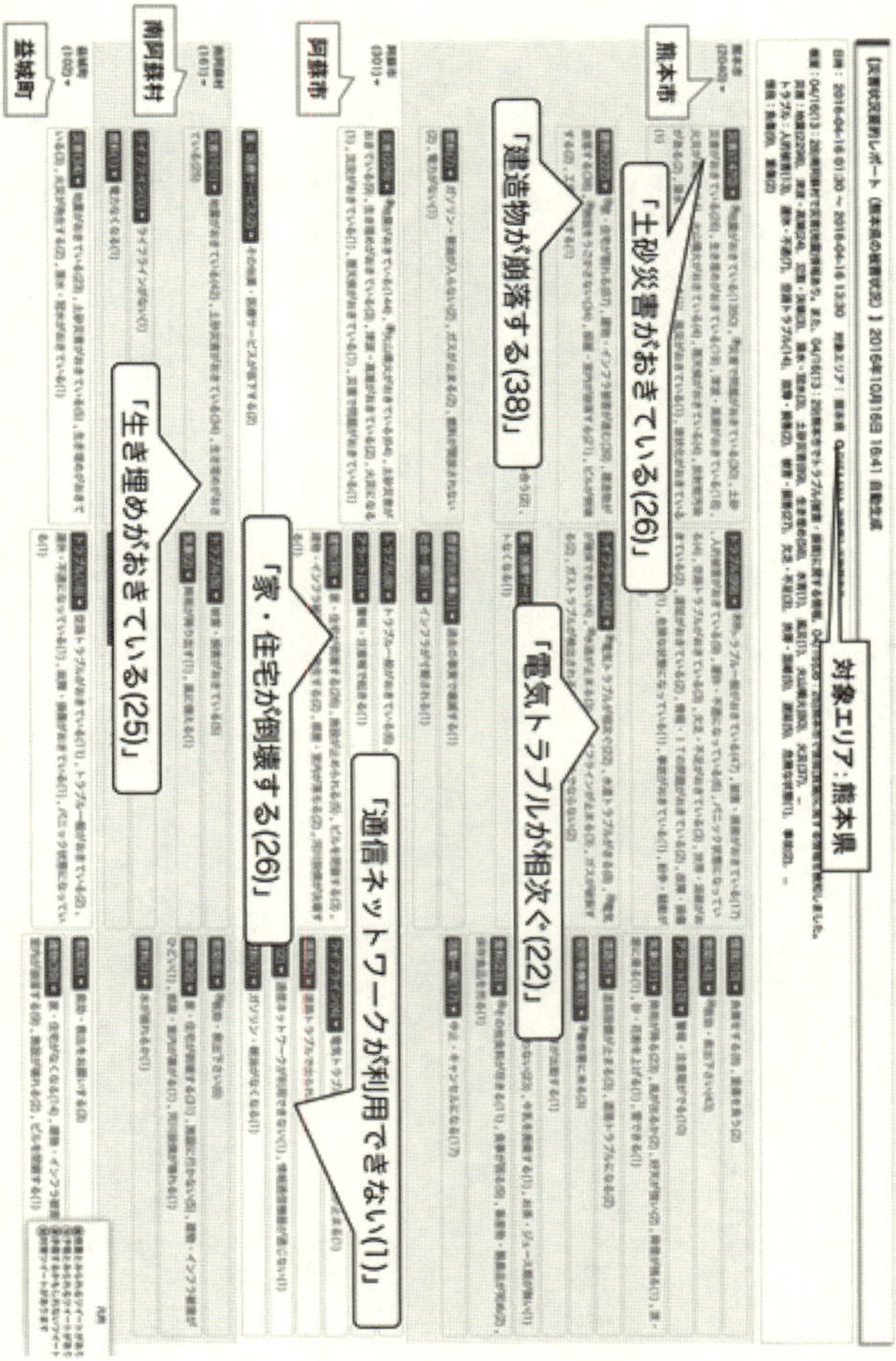

出典：NICT「大規模災害時の膨大な被災報告を人工知能で瞬時に整理・要約～災害状況要約システム「D-SUMM」を試験公開～」(2016年10月18日報道資料)（以下、図２－22まで同じ）
https://nict.go.jp/press/2016/10/18-1.html

図2－21では、そうした情報を地図上に整理して表示している。こうした要約によって、被害が深刻なエリアの特定や、大きな問題の特定を含めて、被災状況の全ぼうの把握が容易になった。これらの情報は、熊本地震本震が発生してから12時間の間に、被災者を中心としてツイッター上に発信された数千件に上る被災報告を瞬時に要約、整理して得られたものだ。

図2－22は、最初に「熊本県」と指定して、熊本地震本震発生直後「12時間」を時間帯として設定し、「カテゴリー毎に要約」した場合の要約の表示だ。前出図2－20では「エリア毎に要約」ボタン

図2－21

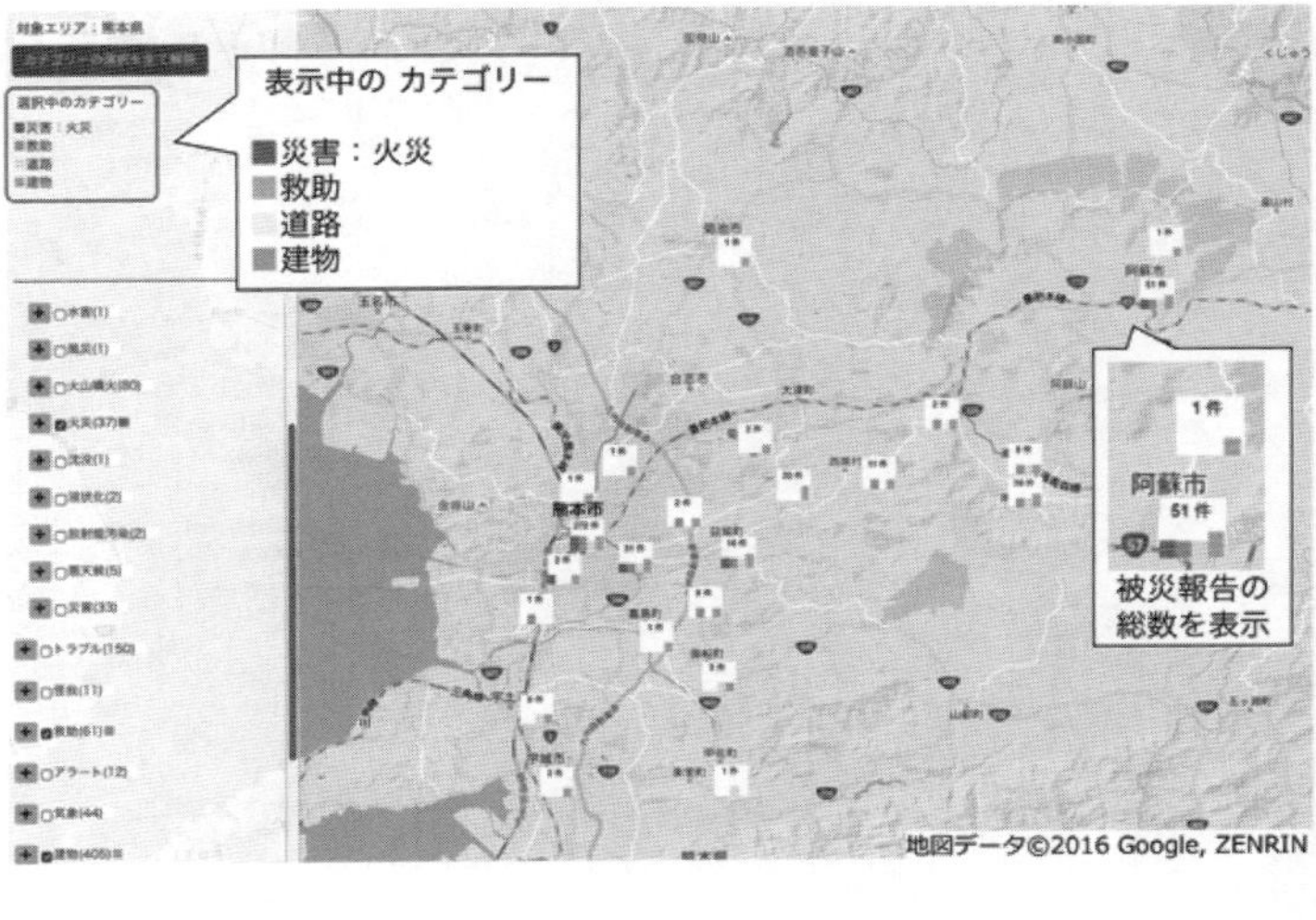

を押して画面左側には自治体の名前が並んだが、「カテゴリー毎に要約」した場合には、被災報告のカテゴリー（「災害」「トラブル」「怪我」「救助」等）が並ぶ。

例えば、「救助」の項を見ると、「救助・救出下さい」という項目が表示されており、その横にそのタイプの被災報告が発信されているエリアが「熊本市（49）」「南阿蘇村（9）」「阿蘇市（7）」「益城町（6）」のように、該当する被災報告の数が多い順にリストアップされる。その結果、わずか数クリックで重要なツイートも容易に発見することが可能になっている。

このようにツイッターを瞬時に分析できるD-SUMMは2017年7月の九

図2－22

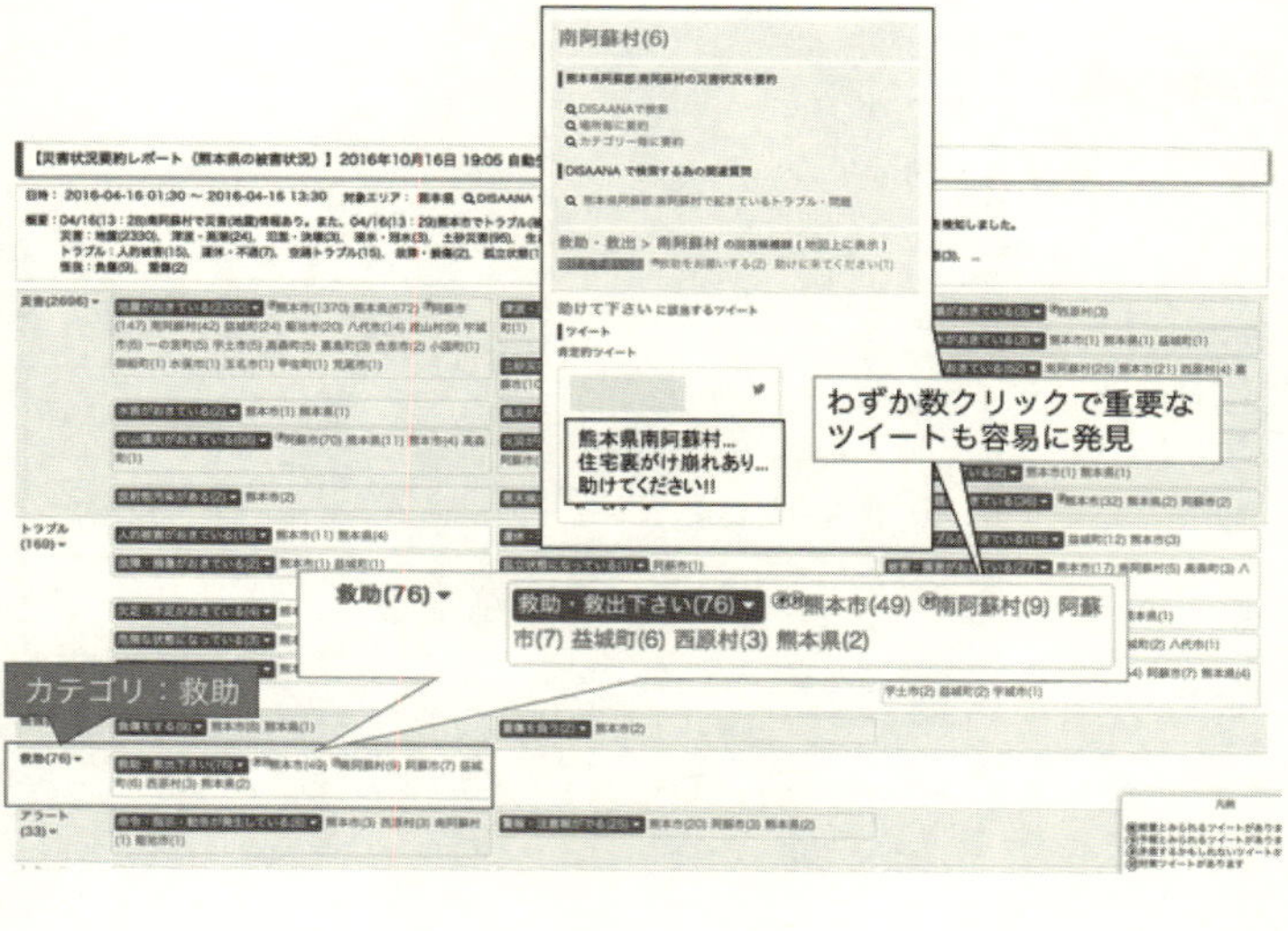

州北部豪雨においても活躍した。ＪＲ久大線の鉄橋流失を伝える投稿をいち早く把握し、大分県が対応に動くきっかけを作ったのだ。

災害時にＡＩを活用したツールが避難や救助に役立つことはこれからも増えていくだろう。

第５節　道路補修効率化ＡＩ

千葉市は、（独）情報通信研究機構（ＮＩＣＴ）から委託を受けた東京大学と共同で実証実験を進めている。自動車（公用車）にスマホを搭載して路面を撮影することで、ＡＩにより道路の損傷度の自動判定を行う機能を開発するものである。マイシティレポートと呼ばれるシステムで、千葉市の他、千葉県市原市、北海道室蘭市、東京都足立区も参加している。

千葉市の場合、すでに進められている「ちばレポ」の新世代という位置付けがなされている。順に見ていこう。

◆ちばレポ

千葉市の「ちばレポ」（ちば市民協働レポート）は２０１４年９月にスタートした。これは地域課題について、スマホを活用して市民から情報を市に送ってもらう仕組みで、地域課題の発見・通報と、市民協働による課題解決との両面を促進して、行政のスリム化及び市民の参加意識の醸成の双方の効果を期待している。

地域課題のレポート対象となるのは、道路の傷み・不具合、公園の遊具が壊れている、橋で損傷個所があるなど、市の管理下の施設における修繕や補修が必要な不具合などである。２０１７年11月末までの３年間で約５６００件のレポートが寄せられた。

通報にあたって、スマホで撮影すればＧＰＳ機能により位置情報も自動で得られるし、写真や動画が添付されていれば認識も容易だ。レポートされた情報は市が用意する地図上にプロットされるので、重複報告を防ぐことができる。スマホによれば、24時間３６５日報告が可能だし、職員の対応も最小限ですむ。

レポートに基づき道路の補修等が行われ、修理状況等はホームページ上に個別に明示される（図２－23参照）。従来行われてきた職員による目視点検を削減できるツールともなっていた。

ただ、ちばレポには運用上の課題がいくつかあった（注16）。

まず第1に、レポートが鉄道沿線と湾岸部に偏在していた点である。また、スマホで写真を撮るという性格上、生活道路が中心になり幹線道路の中央寄り車線のレポートは少ない傾向にあった。

第2に、市民は道路の専門家ではないため、修繕不要な軽微な損傷（経過観察で足りるもの）もレポートされてきていた。これについては、職員の現地確認

図2－23

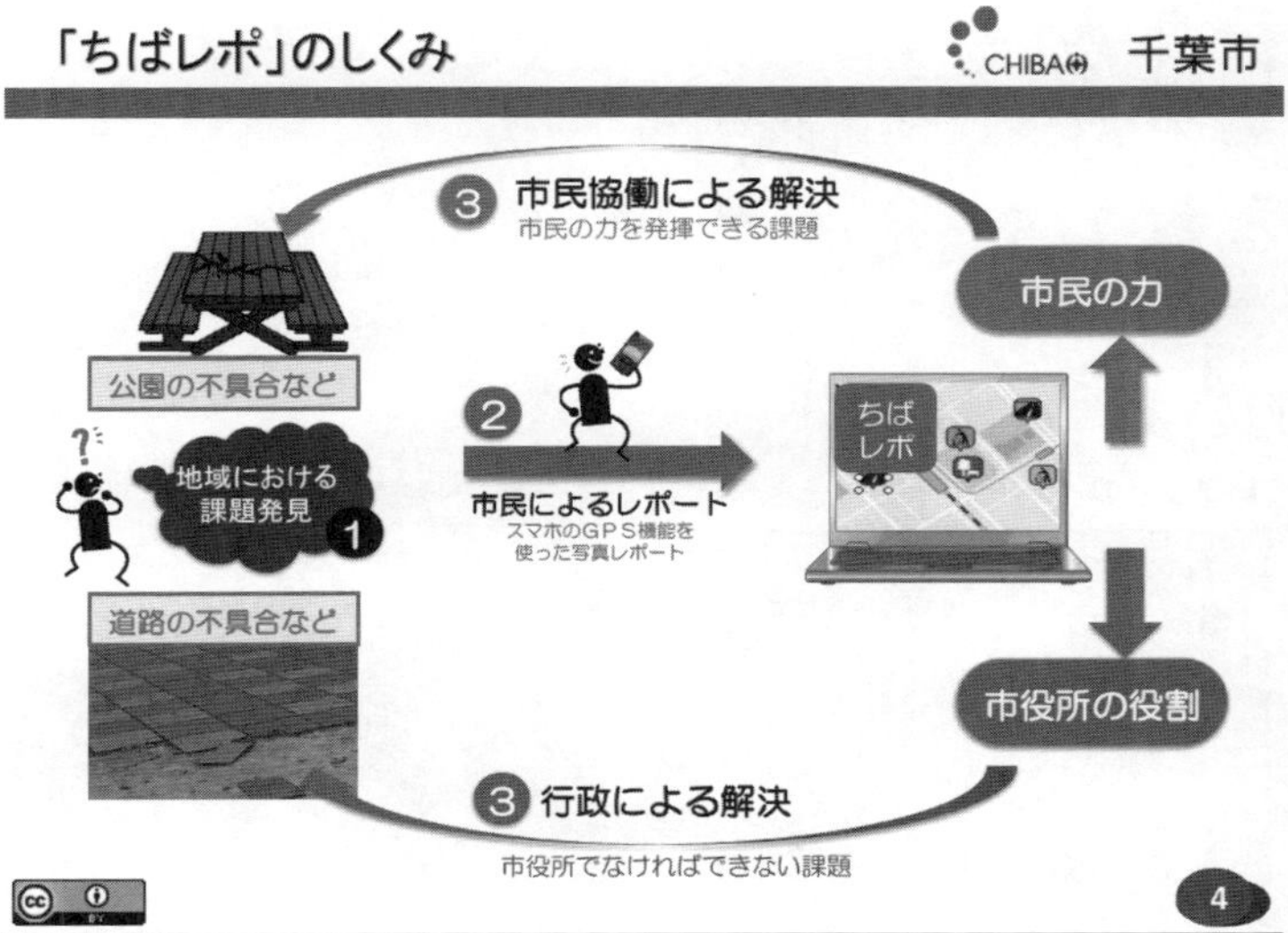

出典：内閣官房「国・行政のあり方懇談会　第5回（2014年2月27日）」千葉市説明資料
https://www.cas.go.jp/jp/seisaku/kataro_miraiJPN/dai5/gijisidai.html

も必要になるし、結果として善意のレポーターも報われないことになっていた。

　第3に他地域展開が進んでいないことが挙げられる。それぞれの地域で類似のシステムも導入されつつあるが、市民にとっては市境をまたぐと別のアプリを利用しなければならないという不都合が生じていた。

◆次世代ちばレポ：マイシティレポート

　このような運用上の課題を解決することなどを目指して、ＡＩを活用したシステムが「次世代ちばレポ」である「マイシティレポート（MyCityReport）」である。

　２０１６年11月からＮＩＣＴの研究委託を受け、東京大学の関本研究室と千葉市など複数の自治体や民間事業者等の参画のもと、実証実験が進められている。

図２－24

（1）アプリのイメージ

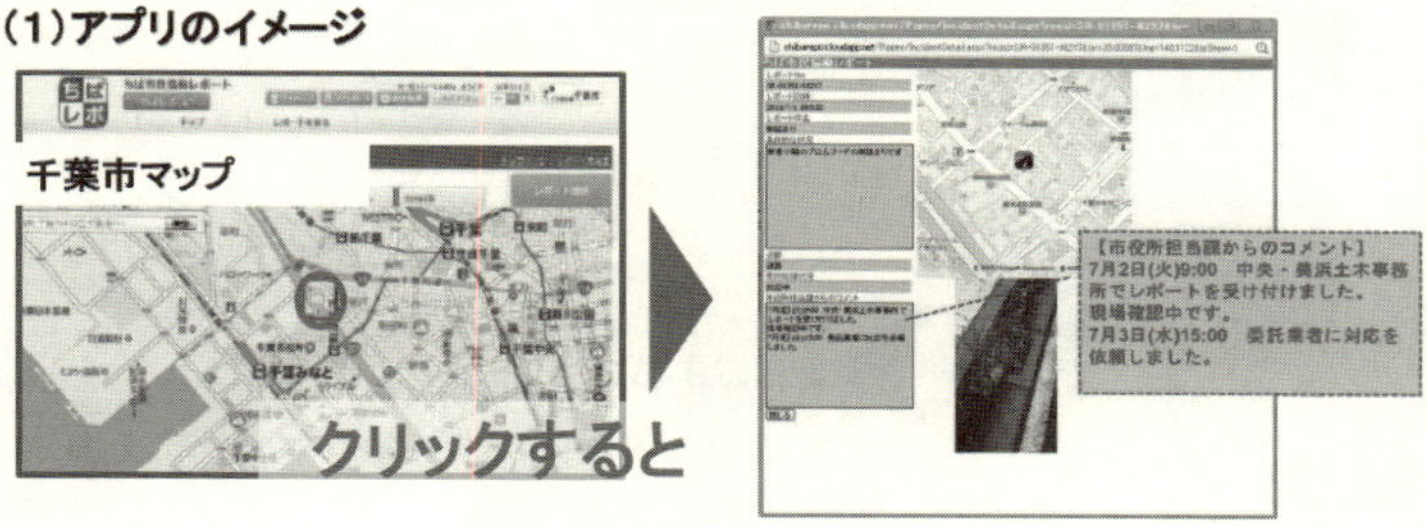

出典：総務省「オープンデータデイinしまね」　千葉市報告資料
http://www.soumu.go.jp/main_content/000326602.pdf

システムは図２－25のようになっており、市民が用いるスマホアプリ、市民からの投稿や自治体の対応状況に関する業務管理システム、これらを公開するウェブサイトを中心に構成されている。

図２－25の④の部分がＡＩを活用する部分であり、スマホのカメラで撮影した動画から切り出した静止画に対し、機械学習・ディープラーニングにより損傷個所を抽出しようとするものである。

次の図２－26により、詳し

図２－25

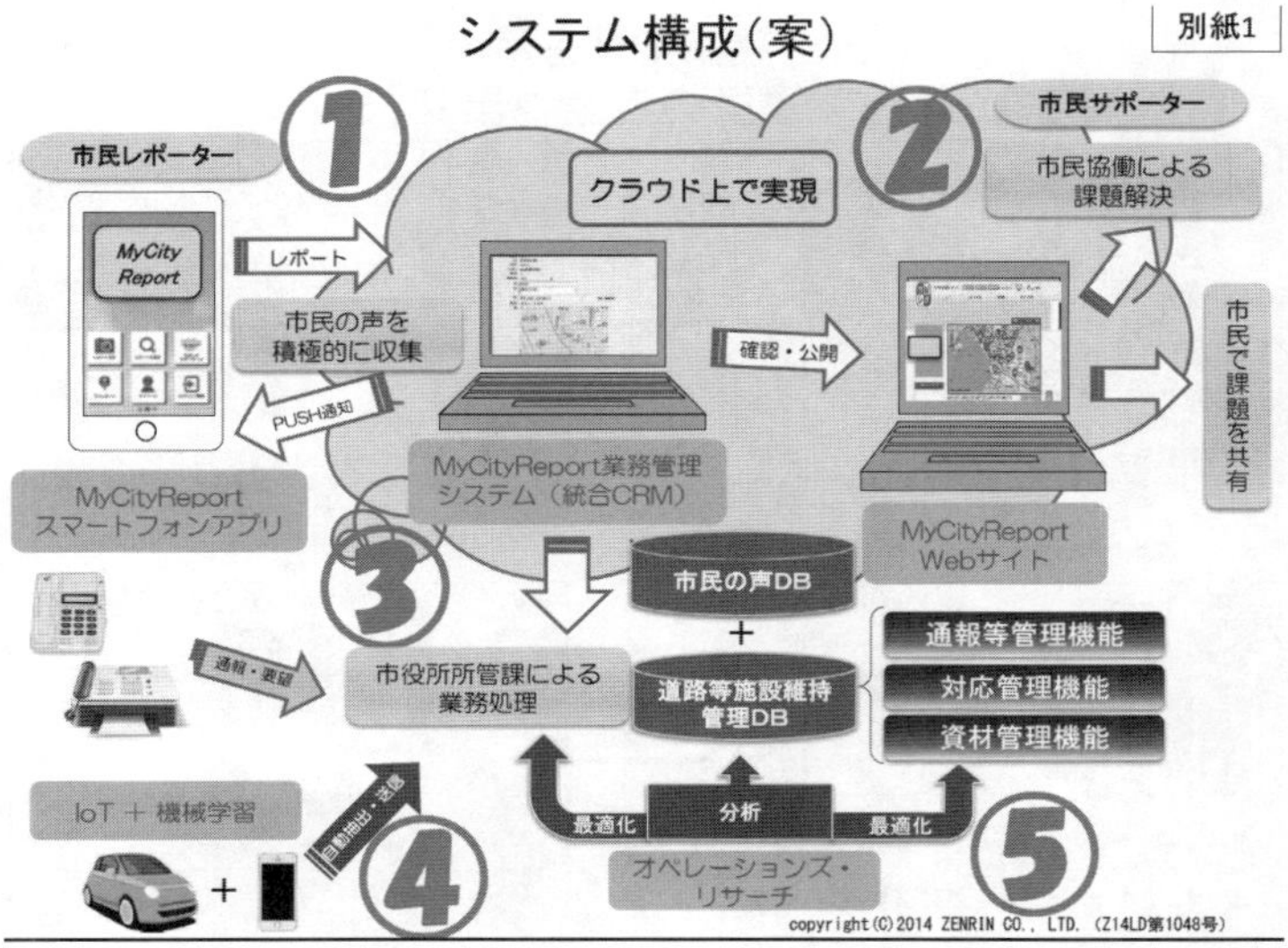

出所：千葉市ウェブページ「次世代ちばレポ"MyCityReport"実証実験に関する共同記者会見」（2017年１月19日）別紙１
https://www.city.chiba.jp/shimin/shimin/kohokocho/chibarepo_kyoudoukenkyu.html

く見ていこう。

まず公用車のダッシュボードに、アプリを搭載したスマホを設置する。道路を走りながらスマホのカメラで路面損傷を検出し、外部サーバに送る。その際、スマホのアプリは損傷の状態について、「①損傷なし」「②損傷はあるが修繕は不要」「③修繕が必要」の三分類を行って、損傷を検出したものだけが送信される（図2－26左上）。

次に、検出されたインフラの異常を含む画像を外部サーバに蓄積する。この際、画像に含ま

図2－26

出所：千葉市ウェブページ「次世代ちばレポ"MyCityReport"実証実験に関する共同記者会見」（2017年1月19日）別紙2
https://www.city.chiba.jp/shimin/shimin/kohokocho/chibarepo_kyoudoukenkyu.html

れる位置情報から道路統計情報を抽出・付与する（同右上）。

その後、スマホが提示した異常個所について、自治体の道路管理職員がウェブツールを用いて損傷候補の画像を確認する。スマホによる判定が間違えている場合は訂正するとともに、異常個所の画像と道路統計情報とを合わせて、「修繕する」「経過観察する」「修繕しない」という三つの選択肢から対応を決定する（同右下）。

そして、道路管理者によって確認・訂正された異常個所の画像をさらに教師データとしてＡＩに学習させ、精度の一層の向上を図る（同左下）。この段階でＡＩは深層学習を行うことになる。

上記四つのパートを日々繰り返すことで、道路管理者の知識・経験と、深層学習の技術を効果的に組み合わせることが可能となる。

しかし、公用車にスマホを載せて走行するだけで、果たして道路全体がカバーできるのだろうか。

ダッシュボードにスマホを設置すると前方約10ｍ程度の路面がスマホカメラに映る。この実証実験が用いているスマホアプリでは、１フレームの道路画像を処理し、損傷の有無を判定するのに1・2秒かかる。時速40㎞で車が走行したとすると、１秒当たり約12ｍ進むことになるので、このアプリの処理速度で道路路面をほぼすべて網羅的に処理することが可能だという（注17）。

実証実験は2019年3月まで行われる予定だ。

これまで、人力による目視で道路の損傷度を把握して工事個所を決めていたものが、実用化後は大きく変化する可能性がある。

日本では高度成長期に建設された道路、橋やトンネルなどのインフラが老朽化しており、その点検量もこれからますます増えてくる。膨大な作業量だが、ＡＩによりそれが相当効率化されることが期待されている。

第6節 職員業務支援ＡＩ

大阪市では戸籍関連事務に関して、法令や前例をＡＩが職員に教える仕組みを導入する。すでに２０１７年度実証実験を終え、２０１８年度に東淀川区と浪速区の２区で先行実施し、２０１９年度に全区に拡大することを目指している。

戸籍事務は相当複雑な知識が要求される。昔は「戸籍十年」という業界用語があったように、10年間担当したベテラン職員が存在して成り立つ部署だとも言われていた。もちろん、単純な出生、婚姻、離婚などの届け出は新規採用職員でも研修を受ければ対応が可能だ。しかし、重婚が認められている国の出身者との国際結婚についてはどう対応すればよいか、出生届に記された名前に特殊な字が使用されている場合はどう対応すればよいか、など、相当の知識がないと対応できないケースも少なくない。

だが、大阪市では業務に精通したベテラン職員が次々に退職時期を迎え、各区役所の戸籍担当の職員が経験年数の浅い層にシフトしつつある。また、引き続く行政改革により、窓口業務の多くが民間委託され、職員でなければできない（委託できない）戸籍業務についても相当の人員削減が行われた。異動サイクルも短くなってきており、ノウハウの共有が大きな課題となっていた。

大阪市はコールセンターを設けているが、そこへの問い合わせの最大カテゴリーが戸籍関連である。また、グローバル化に伴う国際結婚の増加などによって業務がますます複雑化・多様化してきた。

これらの背景があったことから、戸籍関連業務に携わる職員支援のためのＡＩ導入を決めた。複雑な制度やベテラン職員のノウハウを蓄積する仕組みを構築し、ＡＩで職員の業務を支援することによって、窓口対応の時間短縮と正確性の向上を目指している。

予算発表時には図2－27の右端のようなチャットボットのような対話形式を想定していたが、その後、Google検索のような形式に変更した。検索窓に調べたい用語や文章を入れれば30位までの回答候補のサマリーが表示され、それをクリックすると遷移して回答の詳細が表示される形式である。

大阪市が導入するのは、知識検索型ＡＩだ。これは、「意味認識エンジン」と「意味検索エンジン」をともに使うものである。「意味認識エンジン」は、文書と単語の関係性を学習し、問い合わせに含まれる言葉（単語）とＡＩが学習した文書の類似性を統計的に計算し構造化するものである。「意味検索エンジン」は、業務で使用している言葉と書籍で記載されている言葉との違いをＡＩが

図2－27

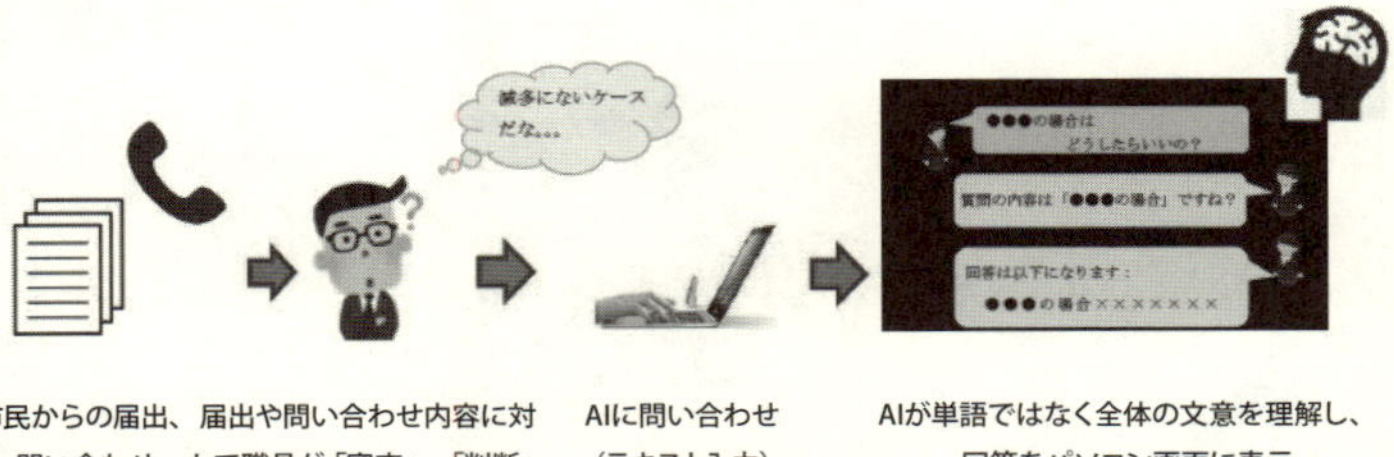

大阪市ウェブページ「報道発表資料　徹底したICTの活用」（2017年２月16日）
http://www.city.osaka.lg.jp/hodoshiryo/seisakukikakushitsu/0000387525.html

補完し、検索を実行するものである。単語以外に「文章」での検索も可能だ。また、「結婚＝婚姻」など、意味の違う用語（同義語）を読み替えての検索も可能で、専門用語を知らなくても検索が可能だ。さらに、キーワード検索だけでなく索引での検索も可能にしており、経験が浅くても索引をたどっていけば求める回答にたどりつけるようになっている。

これにより、例えば「外国人と日本人が婚姻をする際にはどんな手続きが必要になりますか」と職員が検索画面に入力すると、関連する30位までの質問／回答内容の概要が表示され、それをクリックすると詳細表示画面に詳しい答え、根拠条文、先例通知などが表示されるようになっている。この質問に含まれる言葉（単語）とＡＩが学習した文書の類似性を統計的に計算し（意味認識エンジン）、さらに、業務で使用している言葉と書籍で記載されている言葉との違いをＡＩが補完して検索を実行している（意味検索エンジン）。

データとしては、次のように、戸籍関連辞書データ約1万８０００件、市で利用している研修資料から作成したＦＡＱデータ1００件、などをＡＩに読みこませた。

・戸籍先例全文データ
・戸籍法・施行規則条文データ

・渉外身分関係先例判例総覧データ
・外国身分関係証書様式例集データ
・戸籍時報・大阪市だより索引データ
・同義語データ
・その他

大阪市ではこのシステムを「職員の知恵袋」と呼んでいる。

当初は職員が欲している情報がダイレクトに来る場合も来ない場合もあるが、回答に対する利用職員からのフィードバックでＡＩは継続的に学習し精度が向上していく。情報がダイレクトに来た場合に、職員はＡＩにごほうびをあげる（ポイントを加算する）のである。検索結果が表示される画面上に評価ボタン（「役に立った」「役に立たなかった」）を設けており、評価ボタンの押下げによってフィードバックされた回答の有効度をもとに、有効度の高い回答の情報を蓄積する。このことによりＡＩはより適切な回答を導くことができるように成長していく。アルファ碁ゼロのところでみた、深層強化学習によって精度を上げようとしている（注18）。

第７節 保育所マッチングＡＩ

さいたま市では、毎年、保育施設への入所を希望する子どもが８０００人近くに上り、３００を超える保育施設への割りふりを決めるのに30人の職員が50時間（１５００人・時間）要していた。「祖父母の同居の有無」「世帯収入」「親の勤務時間」などの諸条件を突き合せたうえで、申請者からの「兄弟姉妹で同じ施設がよい」「通勤経路にある施設がいい」などといった希望も考慮して決めなければならなかったからである。また「別々の保育所でもよいが、兄弟の片方しか入れないのなら辞退する」といった複雑な希望をする人もおり、マッチング作業は困難を極めていた。

この作業を、（個人を匿名化して）ＡＩで行う実証実験が、富士通研究所や九州大学との共同で行われた。

これはゲーム理論（社会における利害が必ずしも一致しない人々の関係を合理的に解決する数理手法）を応用したもので、すべてのルールを満たす割り当てパターンが複数存在する場合や、一つも存在しない場合にも、優先順位のより高い人の希望が優先されるような唯一の割り当てパターンを見つけ出す。

九州大学と富士通株式会社のプレスリリースに掲載されている例が図２－28である。定員２名の２つの保育所（A、B）に、２組のきょうだい（合計４人）を割り当てることを考える。保育所の定員を考慮すると、入所割り当てパターンは６通りある。ここで、各子どもは保育所Bよりも保育所Aへの入所を希望しているが、きょうだいが別々の保育所に入るよりは２人同時に保育所Bに入ることを希望しているとする。このとき、

図２－28 ルールを用いた入所判定

きょうだい（子ども①と子ども④）
きょうだい（子ども②と子ども③）

	子ども ① 優先順位1位	子ども ② 優先順位2位	子ども ③ 優先順位3位	子ども ④ 優先順位4位	ルール判定
割り当て 1	保育所 A	保育所 A	保育所 B	保育所 B	×
割り当て 2	保育所 A	保育所 B	保育所 A	保育所 B	×
割り当て 3	保育所 A	保育所 B	保育所 B	保育所 A	○
割り当て 4	保育所 B	保育所 A	保育所 A	保育所 B	○
割り当て 5	保育所 B	保育所 A	保育所 B	保育所 A	×
割り当て 6	保育所 B	保育所 B	保育所 A	保育所 A	×

出典：九州大学・富士通株式会社プレスリリース（2017年８月30日）「最適な保育所入所選考を実現するAIを用いたマッチング技術を開発～さいたま市における約8,000人のきめ細かな保育所割り当てをわずか数秒で算出」
https://www.kyushu-u.ac.jp/f/31361/17_09_01.pdf
http://pr.fujitsu.com/jp/news/2017/08/30.html

子どもの優先順位を守りながら、この希望を最大限満たすことが入所判定のルールとなる。このケースの場合、割り当て3が最適解となる。図2－29の例は簡単な例だが、８０００人の子どもがそれぞれ第5希望まで希望を出すと、組合せは5の８０００乗通りと天文学的な数字になる。

これをマッチング支援のＡＩを用いて処理した結果、わずか数秒で最適な選考結果を算出することに成功したという。並行して人手によってこれまでと同じ作業を行ったが、その結果ともほとんど差異はなかった。職員の劇的な負担軽減にも資するこのＡＩの実用化を、担当者も心待ちにしているという（注19）。

第8節　介護保険サービス利用者のケアプラン作り

豊橋市では、実証研究を経て、２０１８年7月からＡＩを活用したケアマネジメントを行っている。これは、豊橋市内のケアマネジャー45名が、要介護認定者等の介護サービス計画作成にあたり、本人・家族の同意を得たうえで、ＡＩ（自立支援を目指すケアデザイン人工知能「CDI Platform MAIA」）を活用するものであり、要介護認定者等の自立をサポートすることを目指している(注20)。

要支援・要介護認定を受けた市民が介護サービスを利用するには、ケアプランが必要だ。ケアマネジャーは利用者と面談し、アセスメントとして、生活上の支障や要望などに関する情報収集、利用者の置かれている状況や解決すべき生活課題などの把握、心身機能低下の要因分析などを行う。

そしてアセスメントに基づいて、総合的な援助方針・目標を設定し、その達成に必要なサービス種別や回数などを設定するケアプラン原案を作成する。その際には、アセスメント結果を反映すること、介護度別に設定された支給限度額を確認すること、経験に基づく予後予測を行うことなど、さまざまな要素の調整が必要となってくる。このようにして作成されたケアプラン原案は、事業者の専門的な検討調整を経て、利用者の同意を得てサービス実施に至る。ケアプランは定期的にモニタリング評価を行い、見直しがなされる。

この業務についてＡＩを活用することを目指して、２０１７年７月、ＡＩ活用ケアプラン作成の実証研究を行うことに関して、豊橋市は㈱シーディーアイと協定を締結し、２０１７年11月から２０１８年２月までの約２か月間実証研究を行った。要介護者の自立支援、ケアマネジャーの業務負担軽減、サービスの適正化による介護給付費の抑制を目的とするものだ。

ＡＩに学習させたデータ（いずれも匿名加工している）は次のものである。

・８年分の要介護認定申請に関するデータ（約10・６万件）
それぞれ、
①認定調査票（身体・起居・生活・認知・精神・行動障害、社会生活の適応に関する74項目の調査結果）
②主治医意見書（傷病・心身の状態・生活機能とサービスに関する意見）
③要介護認定等の結果
を含んでいる。
・８年分の給付実績など（延べ約５７８万件）
①サービス提供年月
②利用サービス種別
③利用日数

これらをＡＩに学習させ、そのうちとりわけ支援・介護度の改善したものを良いケースとして教師データを与え、「豊橋市の介護保険データを学習した身体的自立を促進するＡＩ」が誕生した。

実証研究では、市内のすべての居宅介護支援事業所や地域包括支援センターに周知して、参加を募ったところ、19事業所34名のケアマネジャーが参加してくれた。参加マネジャーがＡＩを操作しながらの研修に参加したあと、専用の iPad が1台ずつ貸し出され、実証研究が進められた。

実証研究の結果は満足のいくものであり、２０１８年7月からの実用化が実現した。ケアマネジャーとしては、利用者や家族へ提案するケアプランに幅ができ、また説明力・提案力の向上につながったし、新たな視点を得ることもできた。また、客観的なデータを提示することから、利用者や家族のケアマネジャーに対する信頼度も向上したという。

具体例として、実証研究報告書に図２－30のような事例が掲載されている。

２０１８年7月からの実用開始に際して、豊橋市は次の諸点をポイントとして挙げ公表している（注21）。

図２－29　概念図

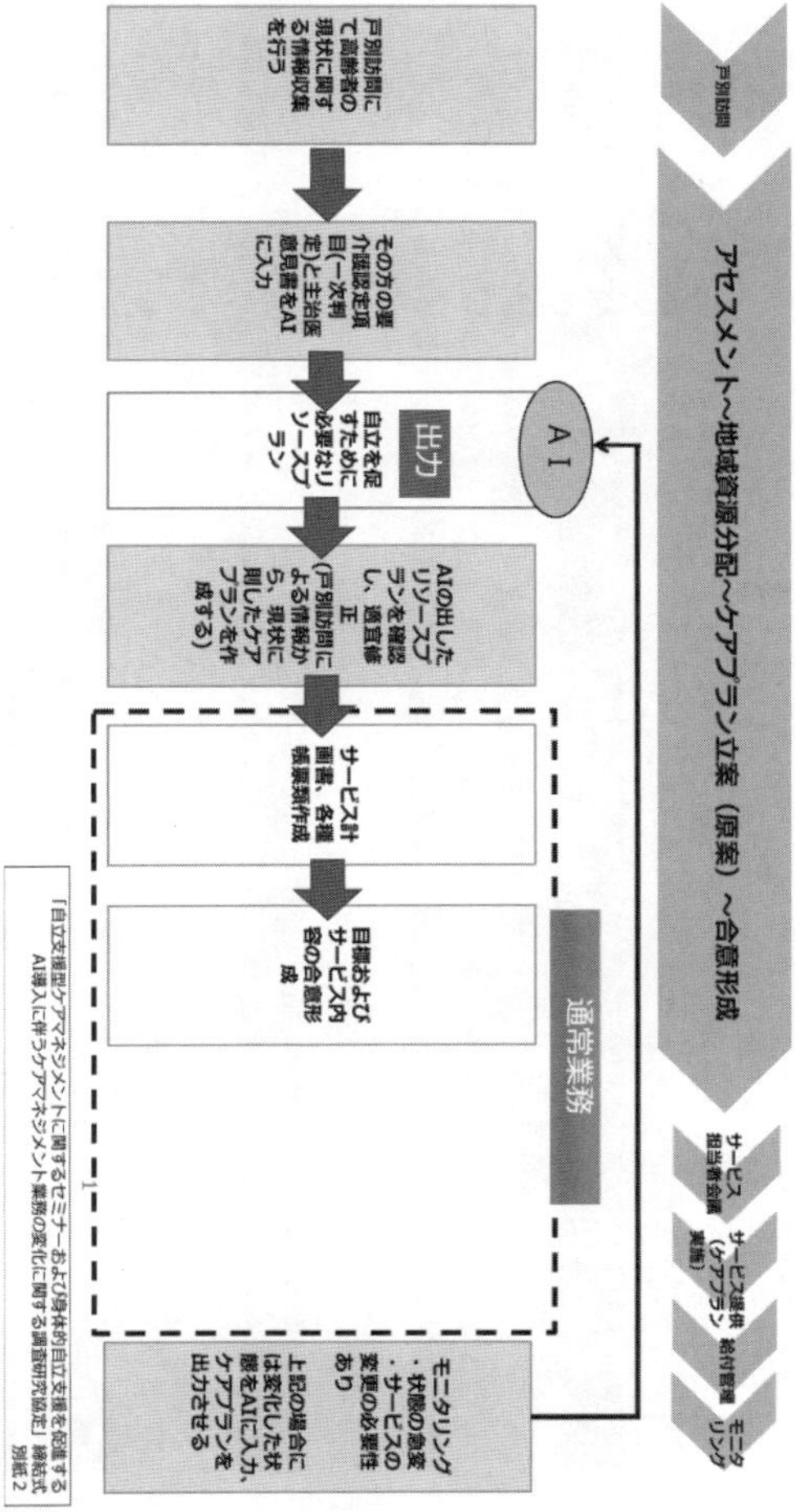

出典：豊橋市報道発表資料「AIによる自立支援型ケアマネジメントに関する調査研究及びセミナーの開催について」（2017年７月10日）
http://www.city.toyohashi.lg.jp/secure/51298/aizissyoukenkyunagare.pdf

図2－30　実証研究結果からの事例

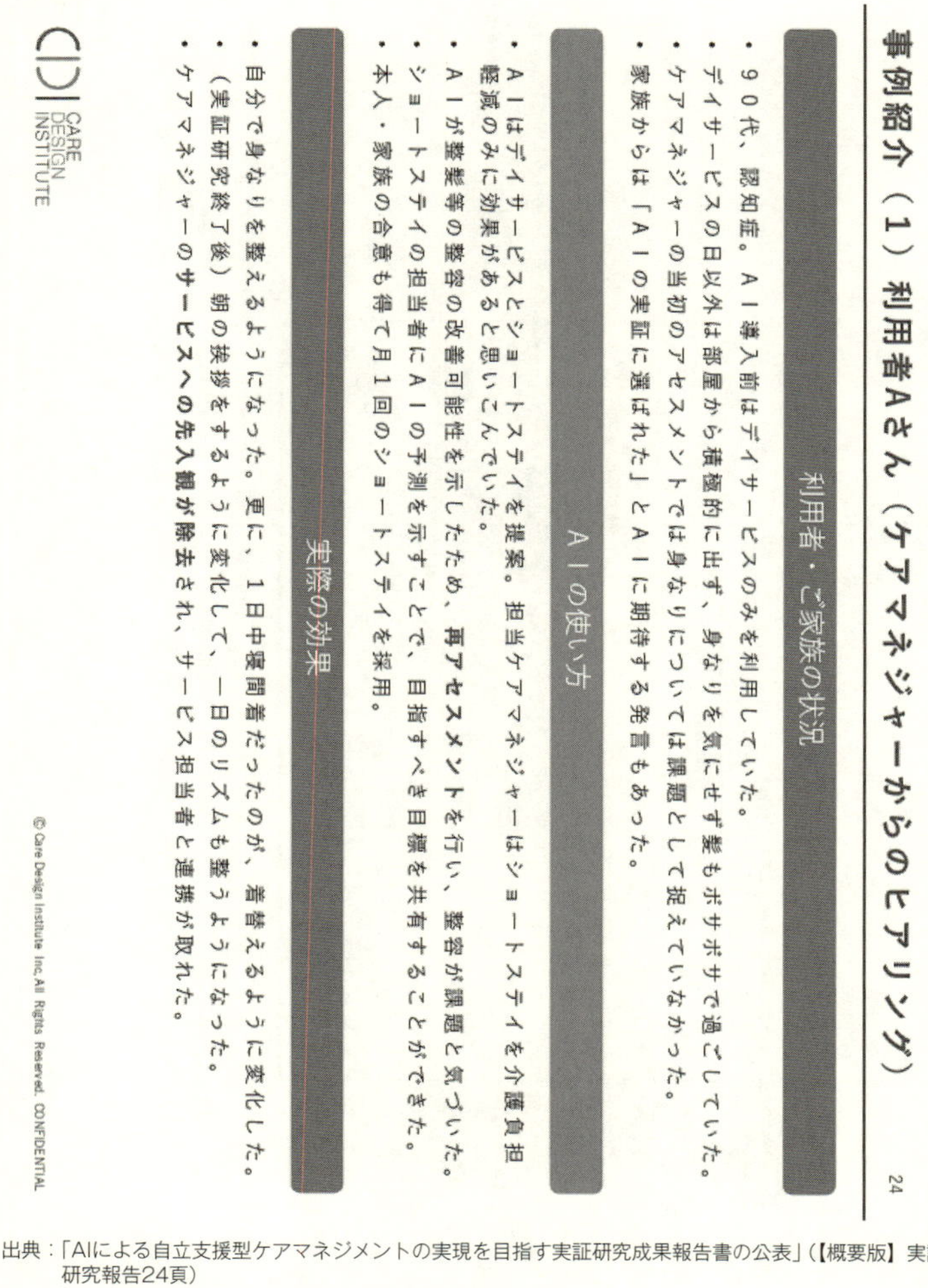

事例紹介（1）利用者Aさん（ケアマネジャーからのヒアリング）　24

利用者・ご家族の状況

・90代、認知症。AI導入前はデイサービスのみを利用していた。
・デイサービスの日以外は部屋から積極的に出ず、身なりを気にせず髪もボサボサで過ごしていた。
・ケアマネジャーの当初のアセスメントでは身なりについては課題として捉えていなかった。
・家族からは「AIの実証に選ばれた」とAIに期待する発言もあった。

AIの使い方

・AIはデイサービスとショートステイを提案。担当ケアマネジャーはショートステイを介護負担軽減のみに効果があると思いこんでいた。
・AIが整髪等の整容の改善可能性を示したため、**再アセスメント**を行い、整容が課題と気づいた。
・ショートステイの担当者にAIの予測を示すことで、目指すべき目標を共有することができた。
・本人・家族の合意も得て月1回のショートステイを採用。

実際の効果

・自分で身なりを整えるようになった。更に、1日中寝間着だったのが、着替えるように変化した。
・（実証研究終了後）朝の挨拶をするように変化して、一日のリズムも整うようになった。
・ケアマネジャーの**サービスへの先入観が除去**され、サービス担当者と連携が取れた。

CARE DESIGN INSTITUTE

© Care Design Institute Inc. All Rights Reserved. CONFIDENTIAL

出典：「AIによる自立支援型ケアマネジメントの実現を目指す実証研究成果報告書の公表」（【概要版】実証研究報告24頁）
http://www.city.toyohashi.lg.jp/34352.htm

ポイント（1）　自立支援を目指すケアデザイン人工知能「CDI Platform MAIA」とは

・豊橋市の過去8年分（約10万件）の介護データをはじめ、ケアマネジャーが介護保険制度の歴史とともに現場で培ったノウハウを学習しています。

・学習した膨大な経験知から介護を必要とされる方の自立可能性を見つけ出し、ケアプランと将来予測を提案します。

ポイント（2）　研究概要

・調査対象者（上記ケアマネジャーが担当する介護サービス利用者のうち研究参加に同意いただいた方）の状態を複数の手法で定期的に確認。

・調査対象者の状態の変化と、平均的な状態の変化を比較することで、自立支援・重度化防止との関係をはじめ、ケアマネジメント業務にＡＩを活用することによる効果を検証。

ポイント（3）　研究背景

・政府は経済財政運営と改革の基本方針２０１８（２０１８年６月15日閣議決定）において「自立支援・重度化防止等に資するＡＩも活用した科学的なケアプランの実用化

に向けた取組を推進する」との方針を示しています。

厚生労働省は豊橋市などの実証研究の導入効果を検証し、ＡＩケアプランの実用化を検討する段階に入った（注22）。今後、ケアプラン作成へのＡＩ活用が全国的に展開される日もそう遠くはないかもしれない。

第9節 過疎地域での御用聞きＡＩ

◆南山城村御用聞きＡＩ

京都府で唯一残る村が、京都府の南に位置する南山城村だ。宇治茶の産地として知られ、茶の生産・輸送に携わる村民も多いが、人口は２８００人にまで減少し、高齢化率も40％を超えている。かつて村の中にあったスーパーマーケットなどは撤退し、村民の生活基盤が揺らぎつつあった。コンビニもない。買い物には隣町までバスで出かけなければならない。買い物難民・交通弱者を支える取り組みが求められてきた。

そんななか、２０１７年４月に道の駅「お茶の京都　みなみやましろ村」がオープンした。これを活用した、「御用聞きＡＩ」の実証実験が、南山城村と㈱エルブズの共同で進められた。

実証実験では、チャットボットによる買物サービスのニーズ調査、ＡＩを用いたバーチャルエージェントによる注文の実現性、宅配・代引きまでを含めた運用の実現性を探る（図２－31）。

利用者はスマホやタブレットの画面上に表示されるキャラクターと会話しながらサービスを選択していく。まず、「タクシー」「商店」「三河屋」などの各サービスを示すエージェントのうち、利用したいものを画面中央にドラッグしてサービスを始める。画面上に表示された選択肢をタップするか、または対話して希望を伝える。利用者の音声の認識技術や発話に合わせた人間らしい返答をすることにＡＩが活用されている。利用者は選択肢にそって、買い物、タクシーの配車依頼、バスの時刻表などが利用できる。シンプルな画面と絞られた選択肢のおかげで、高齢者でも無理なく使えるようになっているという。

エージェントが受けた依頼内容は、各サービスの担当者にメールなどで送信されるので、担当者は効率よく業務に取りかかれる。例えば、道の駅で販売される弁当や惣菜などを買

図2－31

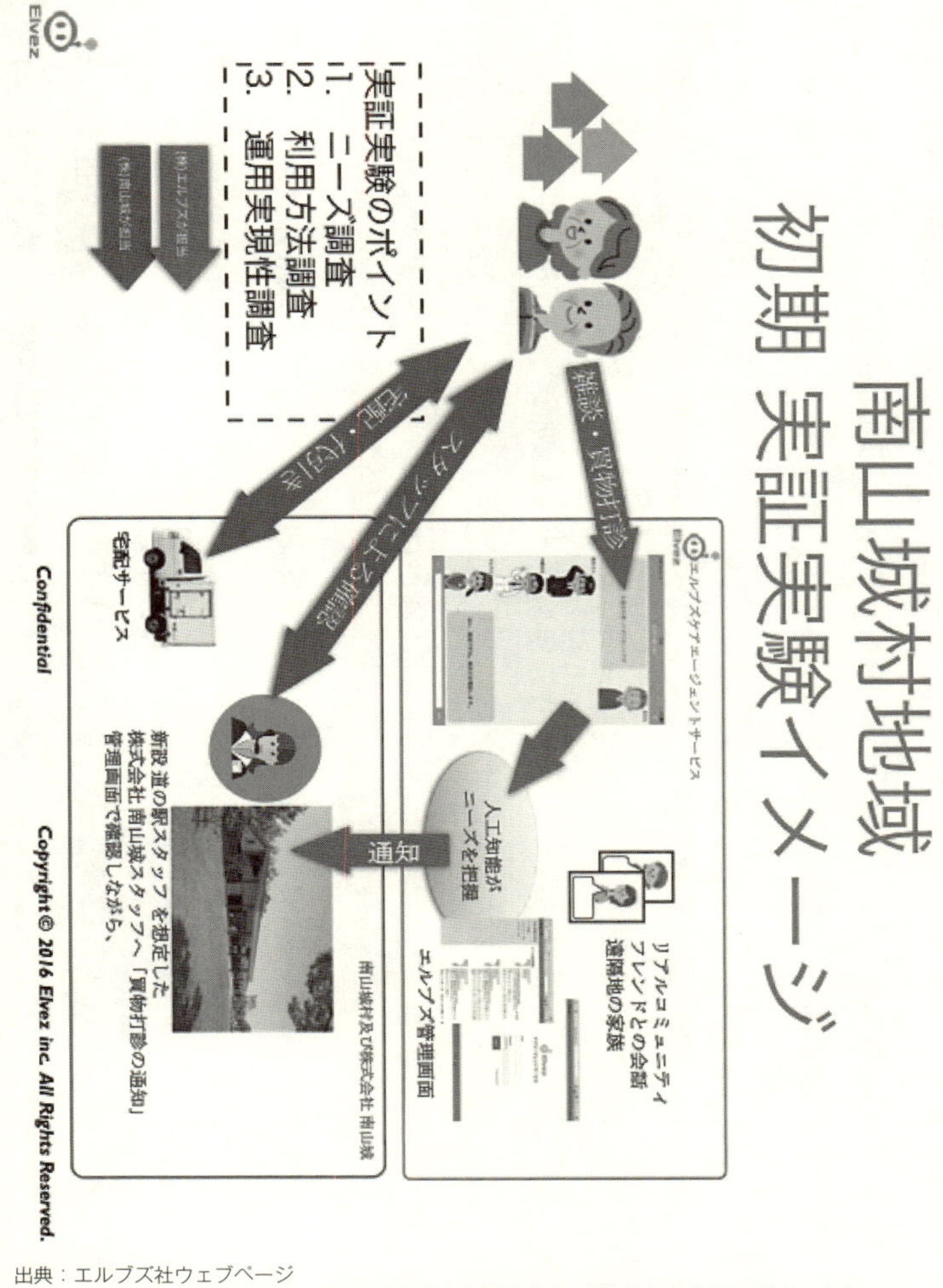

出典：エルブズ社ウェブページ
https://elvez.jp/2016/07/05/京都府南山城村地域で高齢者向けai活用の調査・実/

いたい場合は、タブレットで注文すると、自宅まで配達してくれる。道の駅は、何をいつ、どこに届けるかという注文を早めに集約できるので食材の調達や調理などの業務が効率的になり、商品を届けやすくなる。

買物難民を支える取り組みは全国各地で求められている。今後、スーパーやコンビニ、道の駅などとタイアップしてＡＩを活用した取り組みがますます進められていくことと考えられる。

注1　川崎市総務企画局情報管理部ＩＣＴ推進課「人工知能を活用した問合せ支援サービス実証実験について」『都市とガバナンス』第28号、82－90頁。

注2　川崎市総務企画局情報管理部ＩＣＴ推進課『「ＡＩ（人工知能）を活用した問合せ支援サービス実証実験」【実施結果報告書】』（２０１７年３月）より。http://www.city.kawasaki.jp/170/cmsfiles/contents/0000086/86637/AI0306.pdf

注3　実証参加自治体は、愛知県、足立区、市川市、大垣市、小鹿野町、掛川市、笠間市、春日井市、鎌倉市、川崎市、小金井市、国分寺市、埼玉県、仙台市、高浜市、館山市、所沢市、戸田市、豊田市、豊橋市、練馬区、函館市、兵庫県、袋井市、船橋市、水戸市、室蘭市な

ど。

注4 「ルポ・和気町／移住・定住に関する『知りたい』がわかる！自動会話プログラム『わけまろくん』」『月刊J-LIS』2018年4月号、9－12頁。

注5 『北海道新聞』2017年3月6日。

注6 自然言語処理技術の一つであり、テキストから固有表現─固有名詞（人名、組織名、地名など）や日付、時間表現、数量、金額、パーセンテージなど─を抜き出し、あらかじめ定義された固有表現分類へと分類するもの。

注7 本件については、天羽宏彰（徳島県総合政策課）「全国初！AI要約サービスの実証実験」『月刊J-LIS』2018年4月号、16－21頁に詳しい紹介がある。

注8 徳島県ウェブページ「徳島発！「AI要約サービス」実証実験の実施について（2017年10月30日）

https://www.pref.tokushima.lg.jp/ippannokata/sangyo/ict/5007840

注9 徳島発！「AI要約サービス」実証実験の結果概要について（2018年3月20日）

https://www.pref.tokushima.lg.jp/ippannokata/sangyo/ict/5013477

注10 ビジネスプロセス・リエンジニアリング（Business Process Re-engineering）の略でビ

ジネスプロセスを抜本的に設計しなおすことをいう。既存の業務内容や業務フロー、組織構造、ビジネスルールを全面的に見直し、再設計（リエンジニアリング）するもの。

注11　中山健太（宇城市市長政策室参事）「RPAを活用した業務改革」『月刊 J-LIS』2018年3月号、24－29頁。

注12　宇城市『RPA等を活用した窓口業務改革に係る調査分析等支援業務報告書』44頁。http://www.soumu.go.jp/main_content/000540332.pdf

注13　総務省「地方公共団体における行政改革の取組」（2018年3月28日公表）6頁。http://www.soumu.go.jp/main_content/000541643.pdf
より詳しい報告は、http://www.soumu.go.jp/main_content/000540332.pdf。

注14　https://www.pref.nagano.lg.jp/joho/tokei/kobo.html
https://www.pref.nagano.lg.jp/joho/tokei/documents/01_RPAaikokoku.pdf

注15　（独）情報処理機構（IPA）『AI白書2017』（2017）201頁。

注16　松島隆一（千葉市広報広聴課長）「次世代型市民協働プラットフォーム "MyCityReport" 実証実験における深層学習の応用」『行政&情報システム』571号（2018年2月号）、29－37頁。

注17 関本義秀「人工知能を活用した道路補修業務の効率化の取り組みについて」『都市とガバナンス』Vol.28、71－81頁。

注18 大阪市ＩＣＴ戦略室へのヒアリング（２０１８年1月、6月）および次の文献に基づく。津森芳美、小田樹、吉田智、畠山聡、松田雄高「ＡＩ技術による申請審査業務の改善と市民サービス向上～大阪市様戸籍業務への専門分野別意味検索ＡＩ技術の運用～」『FUJITSU』69巻4号（２０１８年7月号）、19頁。
http://www.fujitsu.com/jp/about/resources/publications/magazine/backnumber/vol69-4/paper03.pdf

注19 https://www.kyushu-u.ac.jp/f/31361/17_09_01.pdf

注20 以下の記述は、次の文献に負うところが大きい。川島加恵（豊橋市長寿介護課）「介護分野におけるＡＩを活用した実証研究」『月刊J-LIS』２０１８年3月号、14－17頁。

注21 豊橋市ウェブページ「ＡＩを活用したケアマネジメントが始まります！」
http://www.city.toyohashi.lg.jp/36814.htm

注22 「官庁速報」２０１８年4月24日、3頁。

第3章

AI活用の可能性

第1節 野村総研報告書ショック

２０１５年12月、野村総合研究所は衝撃的なレポートを公表した。将来的には日本の労働人口の49％が人工知能（ＡＩ）やロボットで代替可能になるというものだ。オックスフォード大学のオズボーン氏らとの共同研究の結果、次の職業が最も代替可能性が高く、99・7％以上だとしている（注1）。

電車運転士、経理事務員、検針員、
一般事務員、包装作業員、路線バス運転者、
積卸作業員、こん包工、レジ係、製本作業員

電車運転士について見ると、すでに１９８１年に神戸新交通「ポートライナー」で実用化されている。小型軽量車両が自動運転により専用軌道上の案内軌条に従ってゴムタイヤで走行するもので、自動案内軌条式旅客輸送システム（ＡＧＴ：オートメーティッド・ガイドウェイ・トランジット）と呼ばれるシステムを用いている。同年、大阪市交通局の

「ニュートラム」も運行を開始し、その後、東京の「ゆりかもめ」など全国各地でＡＧＴが運行されている。新幹線に２０１２年から製作・投入されているN700A系は自動運行も可能だ。日本の地下鉄の多くも、運転手は乗車しているものの自動運転で制御されている場合が多い（１日１回、訓練のために手動運転をするなどされている）。長距離の在来線でもフランスのアルストム社が２０１８年、オランダ国内での貨物列車の時速１００km以上での実証実験に取り組む予定だ。

　路線バスについては、日本国内でもすでに、沖縄県石垣市をはじめ、岡山県新見市、北九州市などで実証実験が行われている。

図３－１

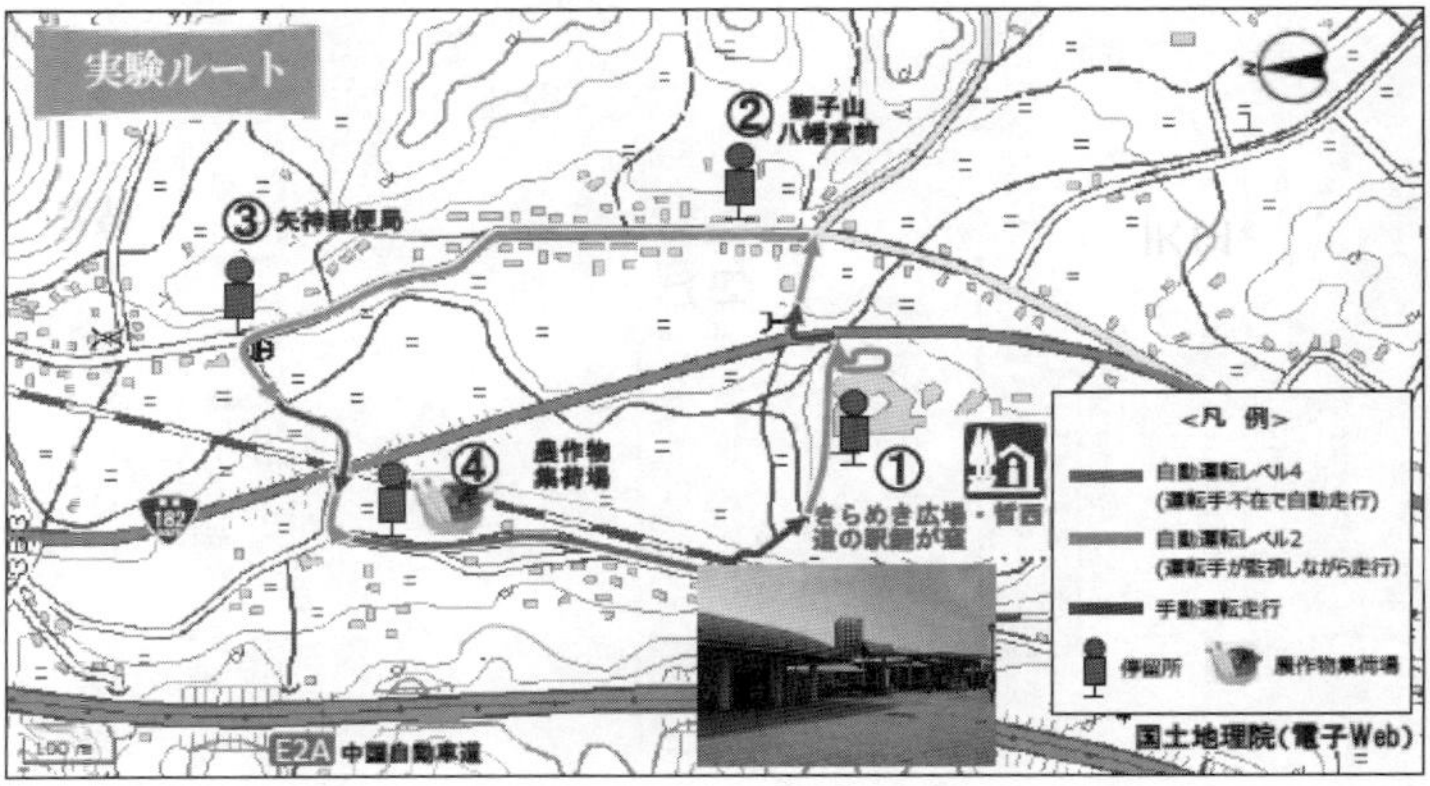

出典：新見市役所ホームページ
https://www.city.niimi.okayama.jp/media_images/files/03_chirashi.pdf

図３－２

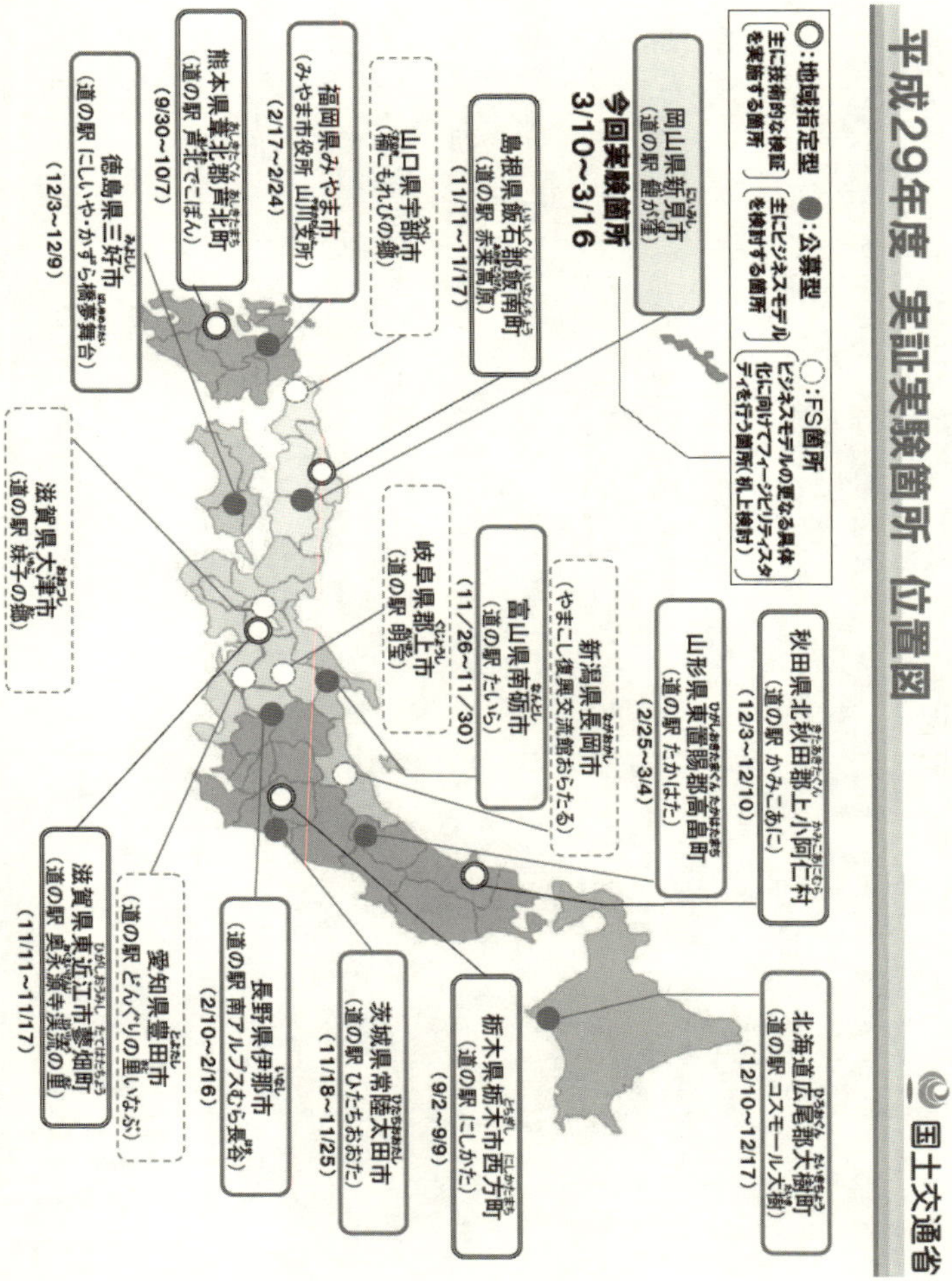

出典：首相官邸ホームページ「公道実証の進捗状況」（2018年３月） ７頁
https://kantei.go.jp/jp/singi/keizaisaisei/jidousoukou/dai４/siryou1.pdf

新見市の例（図3－1）は、国土交通省による実証実験であるが、図3－2にあるように、全国的な展開がなされている。

経理事務がRPAでロボットに置き換えられつつあるのは、すでに、金融機関や保険会社でも普通に見られる。自治体の実証実験の事例も、第2章第3節で見たところだ。

レジ係も例に挙がっている。イギリスやフランスではかなり以前からセルフレジが導入されていたが、日本でも最近スーパー・マーケットのセルフレジを見かけるようになった。コンビニでも一部の店舗でセルフレジが導入されている。人手を省くという点では、大きな空港の手荷物預けやチェックインも、人による対応ではなく機械による対応が増えている。

野村総合研究所の報告書では、表3－1の100職種が、AIやロボットによる代替可能性が高いものとされている。

行政事務員（国）、行政事務員（県市町村）がこの中に入っていることは、これからの日本の行政事務においてAIやRPAによる業務の代替可能性が高いことを示している。

図3－3は、自動化の影響を受けやすい日本の雇用の割合が、自動化の確率に応じて右から高リスク、中リスク、低リスクの職種に分けて示されている（確率0・7（70％）と0・

表3－1　人工知能やロボット等による代替可能性が高い100種の職業（50音順、並びは代替可能性確率とは無関係）

※職業名は、労働政策研究・研修機構「職務構造に関する研究」に対応

IC生産オペレーター	金属熱処理工	製粉工	バイク便配達員
一般事務員	金属プレス工	製本作業員	発電員
鋳物工	クリーニング取次店員	清涼飲料ルートセールス員	非破壊検査員
医療事務員	計器組立工	石油精製オペレーター	ビル施設管理技術者
受付係	警備員	セメント生産オペレーター	ビル清掃員
AV・通信機器組立・修理工	経理事務員	繊維製品検査工	物品購買事務員
駅務員	検収・検品係員	倉庫作業員	プラスチック製品成形工
NC研削盤工	検針員	惣菜製造工	プロセス製版オペレーター
NC旋盤工	建設作業員	測量士	ボイラーオペレーター
会計監査係員	ゴム製品成形工（タイヤ成形を除く）	宝くじ販売人	貿易事務員
加工紙製造工	こん包工	タクシー運転者	包装作業員
貸付係事務員	サッシ工	宅配便配達員	保管・管理係員
学校事務員	産業廃棄物収集運搬作業員	鍛造工	保険事務員
カメラ組立工	紙器製造工	駐車場管理人	ホテル客室係
機械木工	自動車組立工	通関士	マシニングセンター・オペレーター
寄宿舎・寮・マンション管理人	自動車塗装工	通信販売受付事務員	ミシン縫製工
CADオペレーター	出荷・発送係員	積卸作業員	めっき工
給食調理人	じんかい収集作業員	データ入力係	めん類製造工
教育・研修事務員	人事係事務員	電気通信技術者	郵便外務員
行政事務員（国）	新聞配達員	電算写植オペレーター	郵便事務員
行政事務員（県市町村）	診療情報管理士	電子計算機保守員（IT保守員）	有料道路料金収受員
銀行窓口係	水産ねり製品製造工	電子部品製造工	レジ係
金属加工・金属製品検査工	スーパー店員	電車運転士	列車清掃員
金属研磨工	生産現場事務員	道路パトロール隊員	レンタカー営業所員
金属材料製造検査工	製パン工	日用品修理ショップ店員	路線バス運転者

出典：野村総合研究所ニュースリリース　2015年12月2日
https://nri.com/jp/news/2015/151202_1.aspx

3（30％）をしきい値に設定している）。

オズボーン氏らによる分析結果は、日本における被雇用者全体の49％が、高い自動化リスクにさらされていることを示している。それらの被雇用者は技術的に自動化され得る職業に就いている。数十年のスパンを考えてはいるものの、「高リスクの仕事が比較的早期に自動化される可能性が高い」と彼らは強調している。

雇用者数の多い職種で、代替可能率の高いところでは（図3

図3－3　日本における職業の自動化可能性と雇用者数の分布

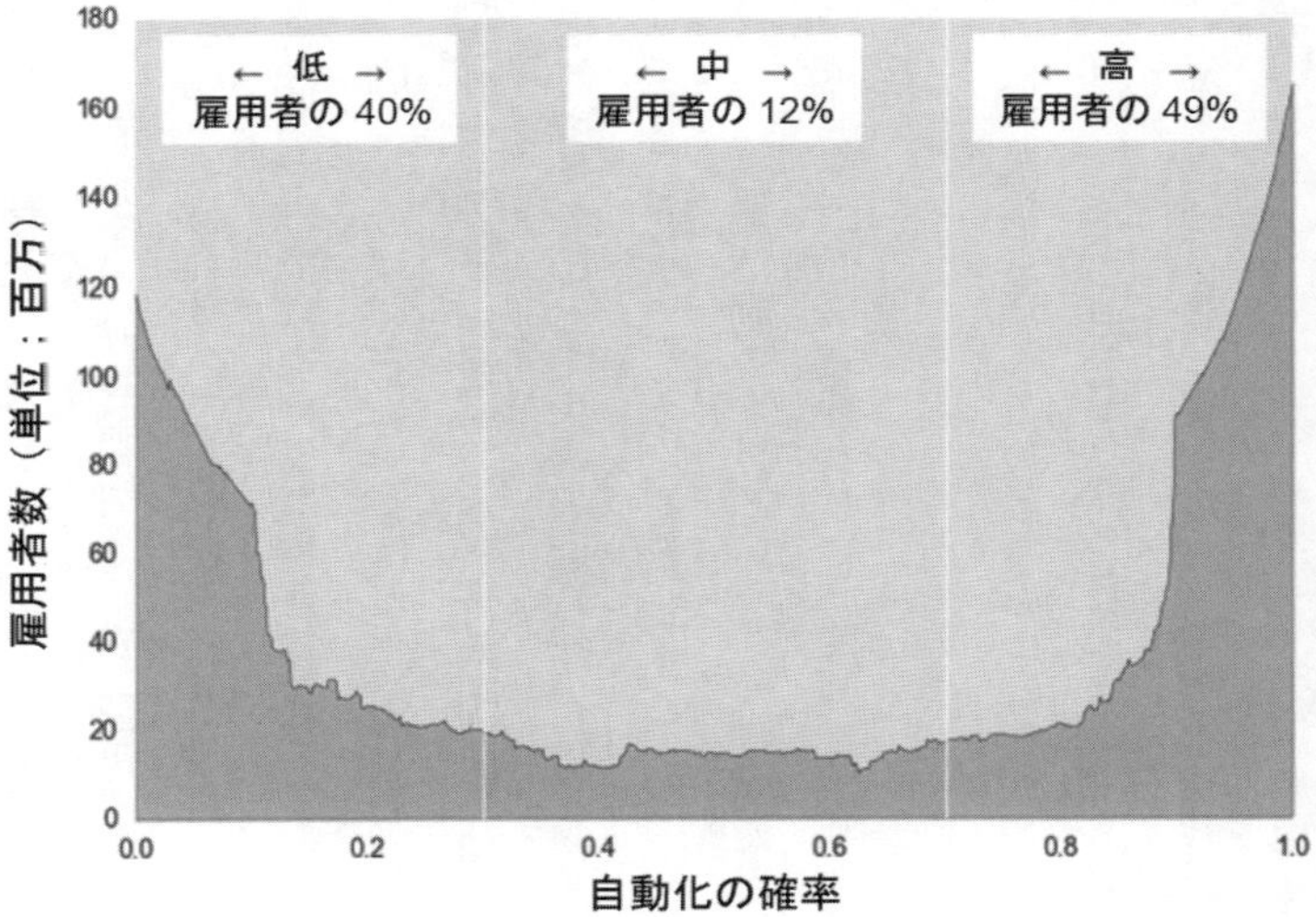

出典：カール・ベネディクト・フレイ＆マイケル A.オズボーン著『日本におけるコンピューター化と仕事の未来』野村総合研究所、https://www.nri.com/~/media/PDF/jp/journal/2017/05/01J.pdf

－4）、総合事務員、会計事務従事者、その他一般事務従事者、庶務・人事事務員などが見られる。逆に、その他の営業職業従事者、看護師、介護職員などは代替可能率が低い。人と直接接触する仕事はＡＩには代替できないものも多いことがわかる。

代替可能なのは、従来言われてきた単純作業だけではない。職種が複雑で高度な業務であっても、コンピュータ化は可能である。図３－５は、右にいくほど平均賃金の高い職種を示している。弁理士、司法書士、公認会計士など平均賃金が高く専門的な職種もまた、代替可能率は高くなっている。実際、筆者のゼミのＯＢで大手の監査法人に勤務する若い公認会計士に話を聞くと、ＡＩによる代替が会社にとっての脅威となっており、新たなフィールドである公的部門や独立行政法人へと営業活動をかけているのが現状だという。

この図においても、下の方、つまり代替可能率の低い職種として、医師、裁判官等が挙げられている。

野村総合研究所の報告書は代替可能率の低い職種も示している。もっとも代替可能率の低い職種（0・2％以下）トップテンは、精神科医、国際協力専門家、作業療法士、言語聴覚士、産業カウンセラー、外科医、はり師・きゅう師、盲・ろう・養護学校教員、メイクアップアーティスト、小児科医となっている。

図３－４　（注２）

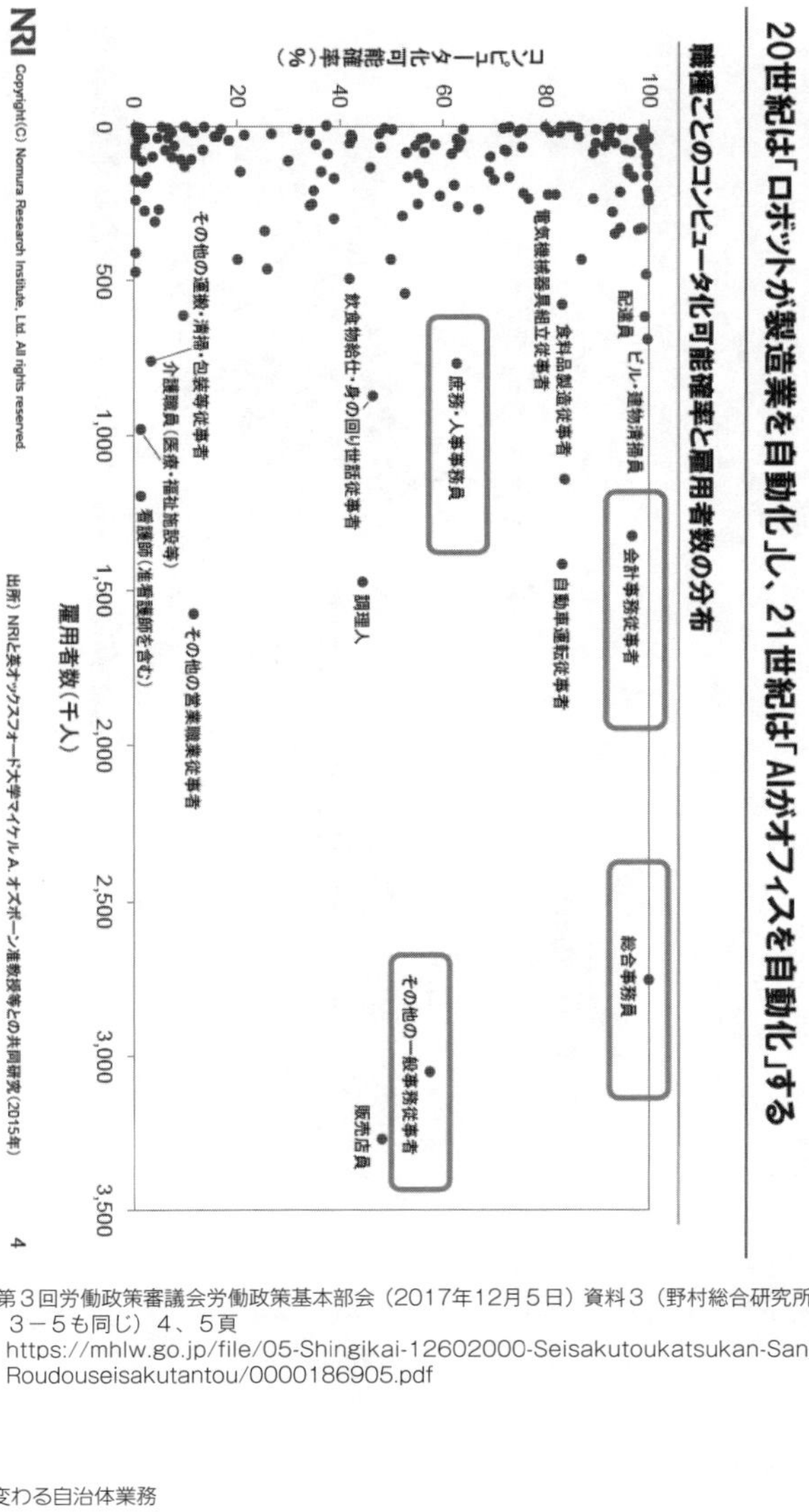

出典：第３回労働政策審議会労働政策基本部会（2017年12月５日）資料３（野村総合研究所提出資料）（図３－５も同じ）４、５頁
https://mhlw.go.jp/file/05-Shingikai-12602000-Seisakutoukatsukan-Sanjikanshitsu_Roudouseisakutantou/0000186905.pdf

図3－5

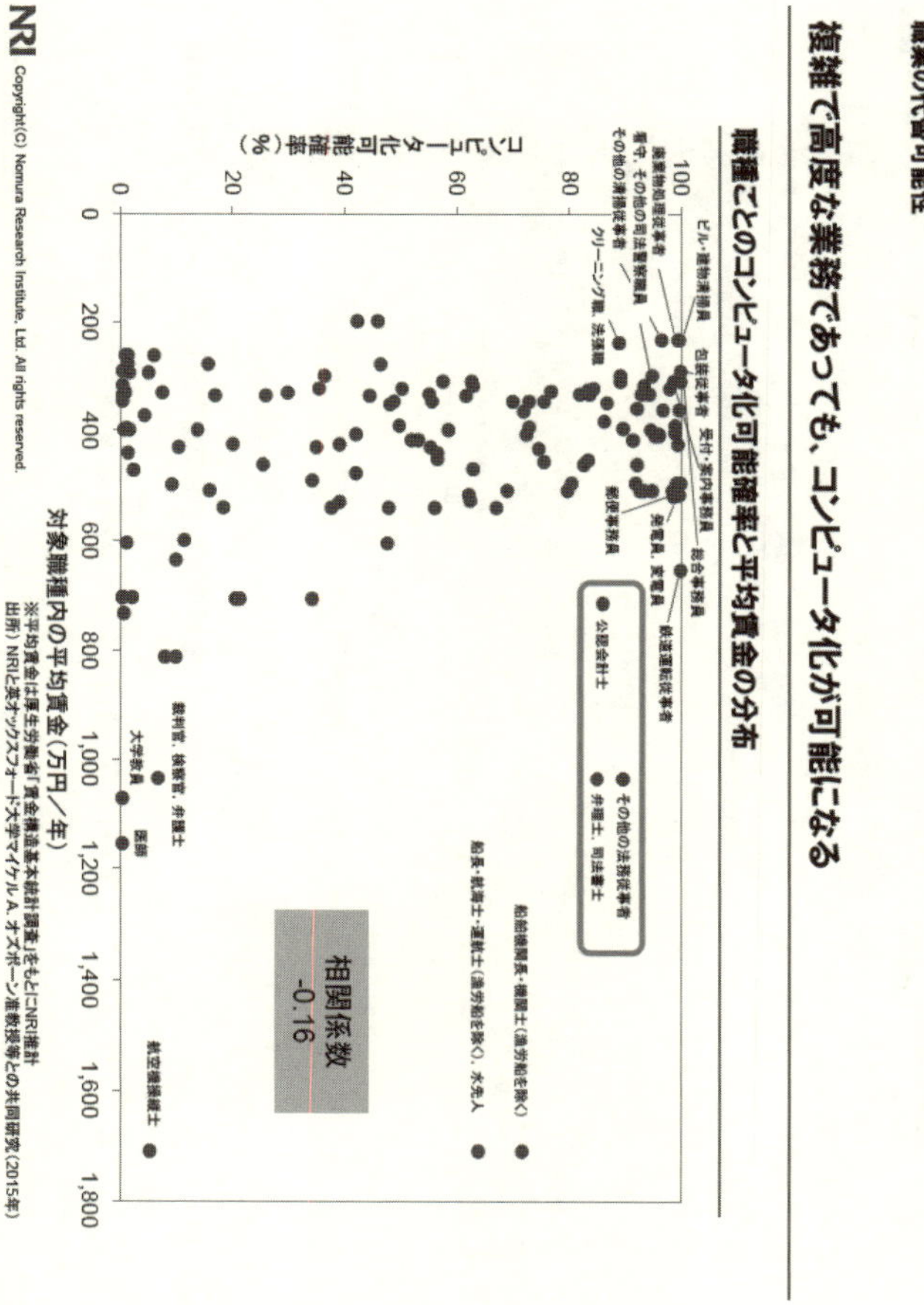
職業の代替可能性
複雑で高度な業務であっても、コンピュータ化が可能になる
職種ごとのコンピュータ化可能確率と平均賃金の分布
コンピュータ化可能確率（%）
0
20
40
60
80
100
ビル・建物清掃員
包装従事者
受付・案内事務員
総合事務員
鉄道運転従事者
産業廃棄物処理従事者
看守、その他の司法警察職員
その他の清掃従事者
クリーニング職、洗張職
郵便事務員
発電員、変電員
公認会計士
その他の法務従事者
弁理士、司法書士
船舶機関長・機関士（漁労船を除く）
船長・航海士・運航士（漁労船を除く）、水先人
相関係数
-0.16
裁判官、検察官、弁護士
大学教員
医師
航空機操縦士
0
200
400
600
800
1,000
1,200
1,400
1,600
1,800
対象職種内の平均賃金（万円／年）
※平均賃金は厚生労働省「賃金構造基本統計調査」をもとにNRI推計
出所）NRIと英オックスフォード大学マイケルA. オズボーン准教授等との共同研究（2015年）
NRI
Copyright(C) Nomura Research Institute, Ltd. All rights reserved.

報告で挙げられている１００職種を見ると表３−２のとおりである。

野村総合研究所のニュースリリースは次のようにいう（注３）。

「創造性、協調性が必要な業務や、非定型な業務は、将来においても人が担う」

この研究結果において、芸術、歴史学・考古学、哲学・神学など抽象的な概念を整理・創出するための知識が要求される職業、他者との協調や、他者の理解、説得、ネゴシエーション、サービス志向性が求められる職業は、人工知能等での代替は難しい傾向があります。一方、必ずしも特別の知識・スキルが求められない職業に加え、データの分析や秩序的・体系的操作が求められる職業については、人工知能等で代替できる可能性が高い傾向が確認できました。

表3－2　人工知能やロボット等による代替可能性が低い100種の職業（50音順、並びは代替可能性確率とは無関係）

※職業名は、労働政策研究・研修機構「職務構造に関する研究」に対応

アートディレクター	広告ディレクター	人類学者	ファッションデザイナー
アウトドアインストラクター	国際協力専門家	スタイリスト	フードコーディネーター
アナウンサー	コピーライター	スポーツインストラクター	舞台演出家
アロマセラピスト	作業療法士	スポーツライター	舞台美術家
犬訓練士	作詞家	声楽家	フラワーデザイナー
医療ソーシャルワーカー	作曲家	精神科医	フリーライター
インテリアコーディネーター	雑誌編集者	ソムリエ	プロデューサー
インテリアデザイナー	産業カウンセラー	大学・短期大学教員	ペンション経営者
映画カメラマン	産婦人科医	中学校教員	保育士
映画監督	歯科医師	中小企業診断士	放送記者
エコノミスト	児童厚生員	ツアーコンダクター	放送ディレクター
音楽教室講師	シナリオライター	ディスクジョッキー	報道カメラマン
学芸員	社会学研究者	ディスプレイデザイナー	法務教官
学校カウンセラー	社会教育主事	デスク	マーケティング・リサーチャー
観光バスガイド	社会福祉施設介護職員	テレビカメラマン	マンガ家
教育カウンセラー	社会福祉施設指導員	テレビタレント	ミュージシャン
クラシック演奏家	獣医師	図書編集者	メイクアップアーティスト
グラフィックデザイナー	柔道整復師	内科医	盲・ろう・養護学校教員
ケアマネージャー	ジュエリーデザイナー	日本語教師	幼稚園教員
経営コンサルタント	小学校教員	ネイル・アーティスト	理学療法士
芸能マネージャー	商業カメラマン	バーテンダー	料理研究家
ゲームクリエーター	小児科医	俳優	旅行会社カウンター係
外科医	商品開発部員	はり師・きゅう師	レコードプロデューサー
言語聴覚士	助産師	美容師	レストラン支配人
工業デザイナー	心理学研究者	評論家	録音エンジニア

出典：表3－1に同じ

第２節　民間で起きている仕事のシフトと人材再配置

２０１７年10月28日の新聞各紙は、みずほ銀行の大リストラに関する記事を取り上げていた。「みずほ1万９０００人削減へ　10年で／店舗集約、ＩＴ強化」（読売新聞）、「みずほＦＧ、1万9千人削減へ　ロボットやＡＩ活用　約８００カ所店舗統廃合」（産経新聞）、「みずほ低収益にメス　1・9万人分の業務削減検討／店舗集約、ロボが事務代行」（日本経済新聞）。その規模の大きさに多くの人が驚くとともに、ＡＩやＲＰＡを用いた業務改革が人員削減につながることを多くの人が改めて認識することになった。

この年は、他のメガバンクも相次いでＩＴ化による人員削減を発表した。三菱東京ＵＦＪ銀行は、６０００人程度の自然減と９５００人分の業務量削減を打ち出したし、三井住友銀行は19年度末までに４０００人分の業務量削減を打ち出した。

この年まで、学生の就職ランキングの上位を占めていた3大メガバンクの大幅な人員削減の可能性を見て、就活中の学生（3年生）は驚き、筆者のゼミ生でもメガバンクの希望者が大幅に減少した。２０１８年の就職活動においては、メガバンクと他のメーカーなどとの複数から内定を受けていた学生は、メガバンクを避けるようになっていた。

三井住友海上は、2018年度から、営業部門の職員が手掛ける事務作業のうち9割をAIなどで代替すると発表し、世間を驚かせた（2017年12月29日付、日本経済新聞ほか各紙）。これは、代理店・顧客向けの照会対応や保険の申し込み手続きの事務などをAIで対応することとし、全社ベースで見た業務量を2割減らして、手があいた職員を営業支援などの担当に回すものだ。新しい技術を人材の最適な配置につなげ、収益力の向上を目指す。

生損保では同様のAIやRPAを用いた業務見直しが急速に進められている。2017年12月29日付の日本経済新聞は表3－3の一覧を示している。

表3－3

生損保各社の業務効率化の取り組み

生命保険	日本生命	システム投資などで30年度までに事務量15%減
	第一生命ＨＤ	ＲＰＡ本格導入で約150人分の業務を効率化
	明治安田生命	団体保険の事務手続き電子化、帳票処理を４分の１に
	住友生命	18年夏に営業職員へ新型タブレットを４万台配布
損害保険	三井住友海上	営業事務を９割削減。1.5万人の仕事見直し
	東京海上ＨＤ	デジタル化で全業務量の２～３割削減を検討
	ＳＯＭＰＯＨＤ	ＲＰＡで自動車事故の保険金支払にかかわる業務を半減
	あいおいニッセイ同和	全業務量を２割、営業事務を６割削減

出典：日本経済新聞2017年12月29日付

表3－3の時点（2017年12月）では、第一生命HDの場合、業務効率化は150人分としていたが、その3か月後、10倍以上の2100人分の業務を削減すると発表した（2018年3月28日付日本経済新聞）。

「業務を自動化するロボティクスの活用などを進め、浮いた人員を保険とIT（情報技術）を組み合わせた『インステック』など成長分野に再配置する。生保業界では顧客の高齢化で契約確認などの業務が増えている。事務作業を効率化し、顧客との関係強化や収益部門に人材を振り向ける」という。

RPAやAIにより業務効率化、事務削減が生損保で進められているが、その多くは、人員の単純な削減ではなく、配置転換により営業力を強化する、インステックなどの成長分野へ再配置する、顧客との関係強化に振り向ける、というものだ。

先にメガバンクの業務量削減について見たが、状況は同じだ。三井住友フィナンシャルグループ会長の宮田氏は、「創造的な組織になるための布石だ」と言う（注4）。

銀行顧客のニーズは「スピード・低コスト・利便性」を求めるものと、「より丁寧なアドバイス」を求める層に二極化しているという。入金や送金をネットバンキング、出金はコンビニで行うという人が増え、10年間で銀行の店舗への来店客数が4割減少する一方で、預金残高や投資信託等の預かり資産残高は増加している。インターネットトランザクション（取引）が増加している証拠だ。この新たな層に向けて、より利便性を高めたサービスを開発するという課題と、これまで以上に親身で丁寧なアドバイスを銀行に期待する富裕層にいかに「テーラーメード」のサービスを充実させるかという課題を抱えている。そのため、全国の400以上の支店をすべて次世代店舗に切り替えていくという。

出入り口付近のＡＴＭ、待合コーナー、長細い窓口をなくして、すっきりした空間に個別の相談ブースを充実させるものだ。従来は、窓口の奥に広い事務スペースがあって書類を処理する事務職員が大量に働いていたが、紙事務処理をデジタル化して全国に数か所あるデータセンターに作業を集約することにより事務スペースを支店からなくす。今後の銀行支店は、手続きの「事務の場」ではなく、「相談の場」へと変化する見通しだという。

銀行におけるＡＩ導入は、人件費削減のためではなく、これまで膨大な事務作業で忙殺されてきた行員の負担を減らし、より創造的な業務についてもらうための布石だとしている。

序章でみたように、日本経済新聞においては、ＡＩの決算サマリーへの活用が２０１７年からすでに始まっているが、その目的は、記者が書く記事を減らすことではない。真の狙いは、人間の記者に、本来やるべき仕事に集中してもらうという点にあるという。従来、証券部の記者1人当たり１００社近くを担当して、上場企業約３６００社をカバーしてきた。それぞれの会社が４半期ごとに決算発表をするため、それを記事にするだけでも相当の作業量である。どの企業に重点を置くかは現場に任せてきた。この他、日経電子版が普及したことにより、紙面には載らないがネットで配信される記事も増え、記者の負担は増大してきている。

そのため、速報や定型業務はＡＩに任せて、記者はより付加価値の高い業務、例えば、リサーチ・分析、独自取材に基づく特ダネや企画記事の方に力を集中していこうとしている。付加価値の高い記事の質を高めるためにも、一部作業をＡＩ化することが不可欠と考えられた。そのため、編集現場では、ＡＩに仕事を取られるという意識はなく、サポートとして期待するものが大きいという（注５）。

このように、「ＡＩが仕事を奪う」とセンセーショナルな議論が渦巻く中で、実際の仕事の現場では、人間が従事する仕事の中身を変化させる方向へと急速な動きが起きていると把握することができる。

コラム：米国の投資銀行で起きていること

米国ではもっとドラスティックなＡＩへの代替が起きている分野もある。

ゴールドマン・サックス社（Goldman Sachs）に関して、２０１７年2月のニューズウィークの記事では、"Goldman Sacked"（ゴールドマン解雇）というタイトルで「ウォール街を襲うＡＩリストラの嵐」という記事を掲載していた（注6）。

記事は次のようにいう。「00年にニューヨーク本社の現物株式取引部門に配属されていたトレーダーは６００人だったが、今ではわずか2人。しかもＡＩの導入が進むのはこれからだ」。トレーダーの数は15年間で３００分の1になった。

空いた席を埋めているのは、２００人のコンピューターエンジニアによって運用されているＡＩを用いた「自動株取引プログラム」だ。1億円プレーヤーが珍しくなく高給取りだったトレーダーにかかる経費は、ＡＩの導入やそのメンテナンスに回されつつある。

米国の多くの分野でＡＩの導入が進んでいるが、これほどの人員削減がされた分野は今のところ珍しい部類に入る。

第3節 技術革新と雇用への影響

◆技術革新

ＡＩはかつての産業革命と同様に社会一般に影響を及ぼす技術革新だ。この点、政府の白書（『平成28年度版情報通信白書』）がうまくまとめているので以下同白書（２４２頁以下）も引用しつつ見ていこう。

19世紀の産業革命においては、製造業における作業に機械が導入され熟練工が不要になった。機械技術が熟練工のスキルに代替するようになったと言える。

20世紀初頭からのオフィスの機械化・電化の際には、事務機器の導入によって業務コストが低下した結果、高度な教育を受けた事務職員の雇用が増大した。

20世紀後半においてはコンピュータが普及し、コストが急速に低下していき、自動化の適用領域が拡大した。この間、「定型的な手作業」や「定型的な認識業務」のスキルの重要性は低下した。そろばんが速く、筆記が上手い人が重宝される時代は終わった。

では、ＡＩによる技術革新はどうか。白書は次のように言う。「人が業務の中で道具としてＩＣＴなどの技術を活用する仕組みから、人とＡＩの共同作業に重点を置いた業務を中核に据える仕組みへの変革が期待されている。」（同白書２４２頁）

このような新しい仕組みの下では、人とＡＩはお互いが仕事上のパートナーだ。また、人が従事してきた業務の一部をＡＩが代替することで業務効率・生産性向上が図れるとともに、「これまで人が携わることができなかった業務を担うことで、新規業務・事業創出の可能性を秘めていると予想される」と白書は言う。

◆ＡＩ導入で想定される雇用への影響（注7）

ＡＩの導入により、まず、（Ａ）ＡＩが生み出す業務効率・生産性向上によって、ＡＩが導入される職種のタスク量が減少することが考えられる。他方、（Ｂ）新規業務・事業創出によって「ＡＩの導入・普及のための仕事」や「ＡＩを活用した新規業務」などのタスク量の増加も考えられる。

以上のようなタスク量の変化がもたらす雇用への影響に関して、①雇用の一部代替、②雇用の補完、③産業競争力への直結による雇用の維持・拡大、④女性・高齢者等の就労環境の改善の４つが想定されると白書は言う（図３－６）。

①雇用の一部代替

まず、仕事のすべてが代替されるのではなく、一部のタスクのみがＡＩに代替される可能性がある。これは定型業務、非定型業務といった「業務内容による」場合もあろうし、「コストパフォーマンスによる」場合もあろう。ＡＩの活用によりコストパフォーマンスがあがるタスクから人が解放され、人はより知的で創造的なタスクに移行することが可能になる。

②雇用の補完

少子高齢化の進展に伴い不足するとされる労働供給力の補完に、ＡＩが役立つ可能性がある。補完される労働力としては、ＡＩそのものや、ＡＩと一緒に働く人、ＡＩの活用によりタスク量が減少した人が考えられる。

③産業競争力への直結による雇用の維持・拡大

ＡＩの利活用にいち早く取り組んだ企業が、産業競争力を向上させることにより、雇用が維持・拡大されると考えられる。日本企業の収益性、生産性は国際的には見劣りする状況にあるが、今後、グローバルでの競争環境の変化に機敏に対応し、新たな価値創造を行っ

図3－6　AI導入で想定される雇用への影響

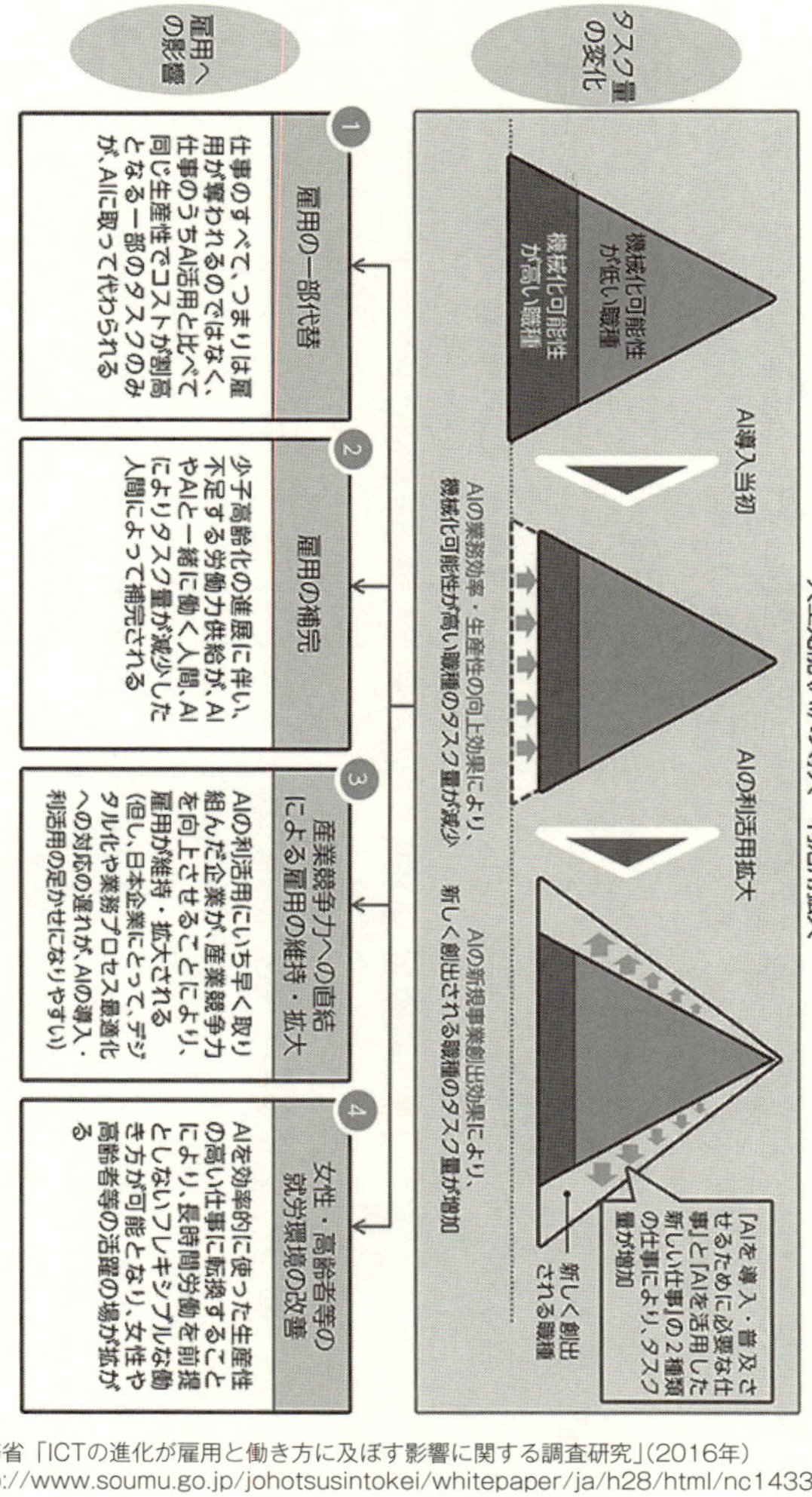

出典：総務省「ICTの進化が雇用と働き方に及ぼす影響に関する調査研究」（2016年）
http://www.soumu.go.jp/johotsusintokei/whitepaper/ja/h28/html/nc143330.html

ていくことが重要かつ不可欠だ。

④女性・高齢者等の就労環境の改善

出産や育児を理由として働いていない女性が依然として多い状況から脱するためには、仕事の生産性維持・向上と労働時間の短縮の双方を両立できる働き方を実現していくことが重要かつ不可欠である。こうした両立は、ＡＩを効率的に使った生産性の高い仕事に転換することにより実現可能であり、テレワークなどの柔軟な働き方も促進されることから、女性等の活躍の場が拡がるものと考えられる。

第４節　ＡＩが得意な仕事、不得意な仕事

ＡＩの得意な仕事は「分類」だ。ＡＩはデータから学習して分類することに長けている。これまで色々紹介してきたＡＩも「分類」がベースになっている。データを処理する、分類することにより共通点を見出しレコメンド機能を発揮する、センサーで障害物を判断する（障害物とそうでないものを分類する）などである。ここから、ＡＩの得意な仕事としては、維持・管理、製造・作業、運転・輸送などになってくる。先の野村総合研究所によ

る代替可能性の高い職業がそれにあたる。
社会課題の解決にもＡＩ活用が大きく寄与することが期待されている。
・労働力不足や過酷労働、およびそれに起因する問題（例えば、介護、モニタリング、セキュリティ維持、教育）
・農業・漁業の自動化による人手不足問題の緩和
・犯罪の発生予知、事故の未然防止
・個々人の必要に応じたきめ細かいサービスの提供
・裁判の判例調査
・健診の高度化や医療データの活用
・職人の知識／ノウハウの体系化による維持と伝承
・公共交通の自動運転、救急搬送ルートの選定、交通混雑・渋滞の緩和など
である。幅広い分野での社会課題の解決に今後ＡＩがさまざまな形で活用されていくだろう。

他方でＡＩができないのは、０から1を生み出すことだ。現状のＡＩは、どれもあくまで人がデータを与えたり、何らかの情報を与えたりする必要がある。そのデータの中でＡ

Ｉは学習していく。小説を書くＡＩが話題になっているが、これも０から１を生み出しているわけではなく、あらかじめ与えられた小説からさまざまな情報を学習し、それをもとに新たな小説を書いている。基本的な登場人物や流れは人間が考えてＡＩに与える必要があり、ＡＩはそれをもとに過去の小説を再構成することにより、ＡＩ小説をアウトプットとして出しているのだ。

野村総合研究所では、ＡＩやロボットでの代替が難しい職業の特徴として、「創造性・ソーシャルインテリジェンス・非定型」という３つのキーワードを整理している。

・創造性…芸術、歴史学・考古学、哲学・神学など抽象的な概念を整理・創出するための知識
・ソーシャルインテリジェンス…他者との協調や、他者の理解、説得、ネゴシエーション、サービス志向性
・非定型…作業プロセスにまとめることが難しく複雑で、臨機応変な対応や、状況判断が求められること

（野村総合研究所（寺田ほか）『誰が日本の労働力を支えるのか』（東洋経済新報社

2017年）108頁）

繰り返すが、AIは知識を分類・整理することはできても、新たな抽象的概念を創出することはできない。模倣はできるが独創的な芸術性を習得することは困難だ。

AIはワトソンのようにコールセンターで活用し、かなりの実績を上げることができる。だが、個人間の信頼が必要とされる場面や、顧客の表情や様子を考慮しながら対応を柔軟に変えていくような高度なコミュニケーションは苦手だ。三井住友海上が営業職の事務の9割をAIやRPAで代替するとしているが、それは保険契約の処理やシミュレーション書作成などの事務を代替するものだ。実際に顧客と対面して営業トークを繰り広げることはAIにはできない。

非定型業務は、自分で状況を判断し臨機応変な対応が求められる。完全なルーティンワークやマニュアル通りの対応で済む作業はAIやRPAが代替してくれる。しかし、非定型な業務は、AIによる完全代替は不可能だ。

このように考えてくると、単純作業の自動化により、人がこれまで単純作業に費やしてきた時間を短縮して、人間はもっと多くの人と会って話をしたり、提案したり、といったクリエイティブなことに時間を使うという、人間らしい働き方を導くものがＡＩやＲＰＡだとも考えられる。

「自分の仕事がＡＩに奪われる」のではなく、「もっと有意義な仕事に時間を割くことができるようになる」と考えることが重要だと言える。

注１　カール・ベネディクト・フレイ＆マイケル A. オズボーン著『日本におけるコンピューター化と仕事の未来』野村総合研究所、14頁。
https://www.nri.com/~/media/PDF/jp/journal/2017/05/01J.pdf

注２　図３－４・３－５の分布図は出所：野村総合研究所「国内６０１種の職業ごとのコンピューター技術による代替確率の試算」（野村総合研究所とオックスフォード大学オズボーン准教授、フレイ博士の共同研究）。なお、「本試算はあくまでもコンピューターによる技術的な代替可能性の試算であり、社会環境要因の影響は考慮していない。」とされている。

注３　https://www.nri.com/jp/news/2015/151202_1.aspx

注４　「三井住友銀行が４０００人削減を急ぐワケ」『プレジデントオンライン』２０１８年7月24日号。以下の宮田氏の発言についてはこの記事に依拠する。

https://president.jp/articles/-/25549

注5 「ＡＩが決算記事を完全自動配信、日経が開始」『日経ビジネスオンライン』２０１７年1月26日号。

注6 Kevin Many, Goldman Sacked: How Artificial Intelligence Will Transform Wall Street, *Newsweek*, ２０１７年2月26日号。

注7 本項の記述は、『平成28年版情報通信白書』２４７－２４８頁に依拠するところが多い。

AIで変わる自治体業務

第4章

AI新時代に自治体職員に求められるものとは

第1節 自治体職員数の推移

２０１７年４月１日現在（注１）の地方公務員の総数は約２７４万人である。そのうち、一般行政職は約91・5万人となっている。その54年前、１９６３年の地方公務員総数は約２１１万人、一般行政職は約62・7万人だった。この半世紀、日本の地方公務員数はどのように増減してきたのだろうか。その変遷を簡単に見ておこう。

１９６０年代から１９７０年代前半にかけては多くの自治体において事務量の増加にあわせて新卒の職員を大量に採用し、組織の膨張が一貫して見られた。国の国民皆保険、皆年金制施策の出発は、その実務を基礎自治体である市町村業務としたため、相当規模の職員数の増加が見られた。また、高度経済成長は大規模な行政需要を引き起こすとともに、そのひずみの中で増加して来た弱者対策、つまり福祉施策による行政需要増をもたらした。さらに、１９７０年代の列島改造ブームは、都市部では一層の都市問題を巻き起こし、都市施設はもちろんのこと、改造による生活環境劣悪への対策、人口集中からドーナツ化への対策といった新規行政需要に対応せざるを得なくなった。都市近郊の自治体では流入人口の急増に伴い、教育施設の充実、上下水道の整備をはじめとした基盤整備などに追われ、職員数を大幅に増やさざるを得なかった。その後、増大する弱者対策、中でも高齢化する人口構造の中にある老人対策のための行政需要が増大し、これもまた、職員増の要因となった。

地方公務員総数は、１９６８年には約235・6万人（5年間で11・7％増）、１９７３年には約274・5万人（同16・５％増）、１９７８年には３０６・６万人（同11・７％増）、１９８３年には約323・2万人（同5・4％増）と急速な伸びを示した。うち、一般行政職は、１９６８年には約70・

表４－１　地方公務員数の推移

年	職員合計		うち一般行政職	
	職員数（人）	伸び率（%）	職員数（人）	伸び率（%）
1963	2,110,348	–	625,736	–
1968	2,356,227	11.7	708,019	13.1
1973	2,744,959	16.5	893,002	26.1
1978	3,065,674	11.7	1,001,175	12.1
1983	3,231,650	5.4	1,052,815	5.2
1988	3,215,470	− 0.5	1,052,738	0.0
1993	3,270,841	1.7	1,113,161	5.7
1998	3,249,494	− 0.7	1,127,605	1.3
2003	3,117,004	− 4.1	965,356	− 14.4
2008	2,902,843	− 6.9	882,697	− 8.6
2013	2,757,942	− 5.0	832,814	− 5.7

資料出所：総務省（旧自治省）『地方公務員給与の実態』各年版に基づき筆者作成

8万人（5年間で13・1％増）、1973年には約89・3万人（同26・1％増）、1978年には100・1万人（同12・1％増）、1983年には約105・3万人（同5・2％増）となっていた。

自治体職員数は、第2次臨調（1981－83年）期以降横ばいとなる。臨調方針により地方も行政改革を進めることを余儀なくされ、多くの自治体で職員定数を凍結するなどの措置がとられた。その結果、職員数の増加傾向は収束し、その後は、総職員数は321・5万人（1988年）、327・1万人（1993年）、324・9万人（1998年）と、ほぼ横ばい状態が続いている。一般行政職も同様で、105・3万人（1998年）、111・3万人（1993年）、112・8万人（1998年）とおおむね横ばい状態だった。

その後1990年代に入り、バブル経済崩壊後の地方財政難の影響や、集中改革プランに伴うものなど数次の行政改革を進めたことにより、自治体の職員数は大幅に減少した。

図4－1は、総務省の定員管理調査結果の推移を示したものである。1994年時点で328・2万人、2000年時点で約320・4万人（うち、一般行政部門職員数は約115・2万人）だったものが2011年には約278・9万人（一般行政部門職員数は約92・6万人）となっており、この11年間の減少は約41・5万人（13・0％）（一般行政部

門では約22・5万人（19・6％）となっている。

部門別に１９９４年と２０１７年の数字を比較したものが、表４－２である。

一般行政部門は、自治体独自の行政改革の取り組みや、２００５年から２０１０年までの集中改革プランによる定員純減の取り組みにより22％減少しており、また、教育部門も、児童・生徒数の減少により約20％減少している。

他方、警察部門及び消防部門は、組織基盤の充実・強化のため、１９９４年以降も増加傾向にある。

図４－２は、１９９４年の数値を１００とした指数の推移をグラフ化したものだ。最も減少しているのは一般行政だということが一目瞭然だが、その一般行政部門の内訳を見ると、防災分野は約３倍、福祉関係は児童相談所等で約81％増、福祉事務所で約58％増と、

図４－１　地方公共団体の総職員数の推移（1994年～2017年）

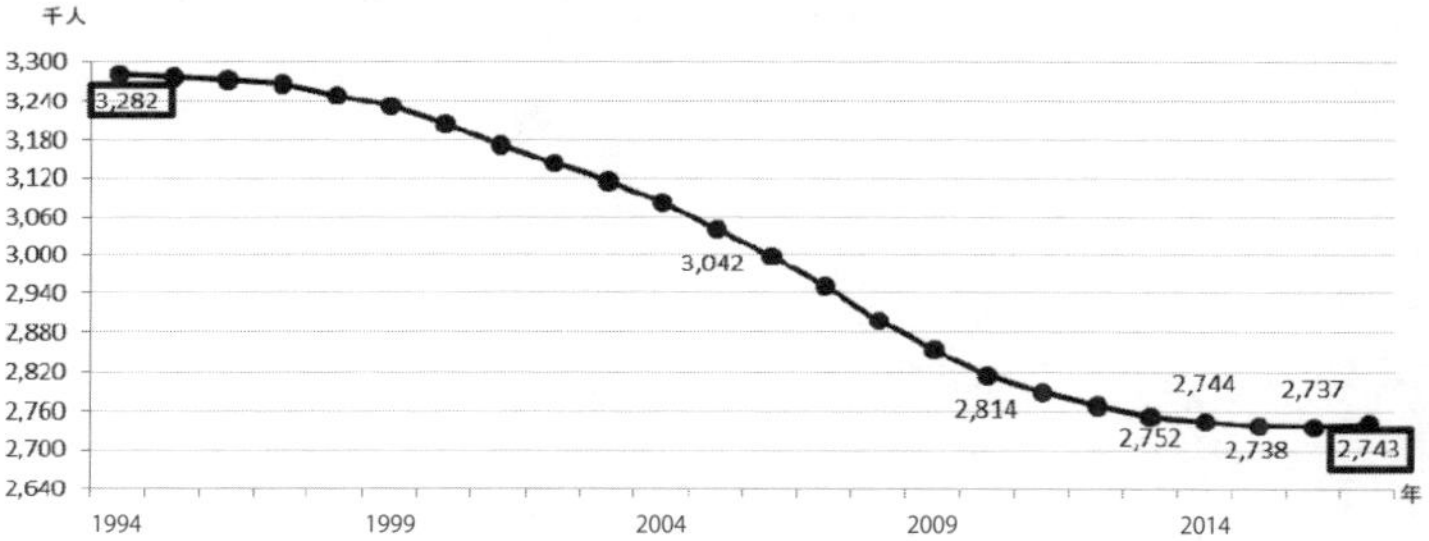

出所：総務省「平成29年地方公共団体定員管理調査結果の概要（平成29年４月１日現在）」より、以下表４－２、図４－２も同じ。http://www.soumu.go.jp/main_content/000524416.pdf

表4－2　部門別職員数1994年から2017年にかけての増減数、増減率

（単位：人、％）

部　門	1994年	2017年	増減数（人）	増減率（％）
一般行政部門	1,174,514	915,727	▲258,787	▲22.0
教育部門	1,281,001	1,019,060	▲261,941	▲20.4
警察部門	253,994	288,347	34,353	13.5
消防部門	145,535	160,644	15,109	10.4
公営企業等会計部門	427,448	358,818	▲68,630	▲16.1
合　計	3,282,492	2,742,596	▲539,896	▲16.4

図4－2　1994年（平成6年）からの部門別職員数の推移
（1994年を100とした場合の指数）

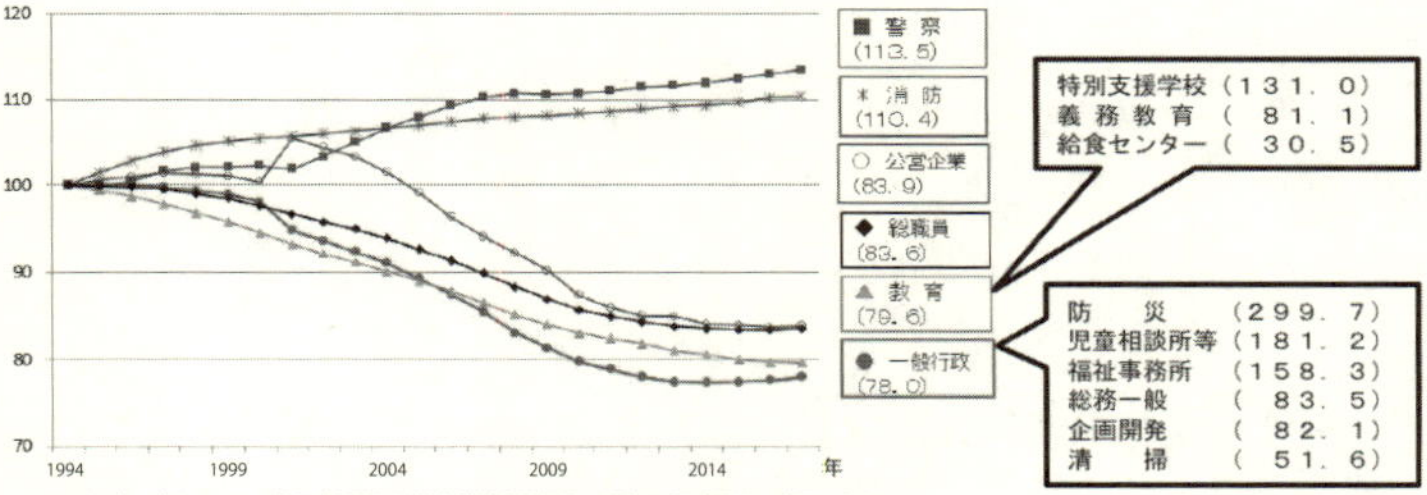

※2001年に生じている一般行政部門と公営企業等会計部門の変動は、調査区分の変更によるもの。

防災福祉の分野はむしろ増加している。その分、それ以外の分野——総務一般、企画開発、清掃——での減少が著しくなっている。

減少した職員の業務については、各自治体では民間への業務委託や指定管理を始めとするPPP（パブリック・プライベート・パートナーシップ）の手法を用いた行政改革手法を駆使して、行政サービスの維持に努めている。

またこの時期、事務補助や短時間でまかなう業務、納税関係業務など季節的に増加がみられる業務などに、臨時・非常勤職員を積極的に活用してきており、臨時・非常勤職員数の増加につながっている（2005年の約45・5万人から2016年の約64・3万人へと約41％の伸び）。

ただ、これらの動きは、人の仕事を人が代替しているものが多い。例えばごみ収集の委託を例に挙げると、公務員による直接収集から、民間業者による収集という委託方式になっており、人（公）から人（民）への業務の移転が行われてきたといえる。

だが、前章まで見てきたように、今後はAIやRPAを既存業務へ利活用することにより、定型的業務について、人の手によるものから機械による業務処理へ転換していく可能性が高い。その意味では、これまでの人から人への業務移転ではなく、人（公・民）から機械への業務移転が起こり得るのだ。

第2節 公務員に残る仕事 ―20年後の日本の自治体のイメージ

さて、今後多くの業務にＡＩが導入されていくとして、公務員が担う業務としてはどのようなものが残っていくのだろうか。20年後の自治体はどのように運営されているのだろうか。20年後にタイムスリップして想像してみよう。

・・・

時は、２０４０年、静岡市に住んでいた30歳代半ばのX氏は転勤に伴い、名古屋市近郊のＹ市に引っ越すことになった。年金生活をしている父に聞くと20年以上前には引っ越しに伴う手続きが山ほどあったという。市役所窓口に行って転入届を提出し、印鑑登録廃止の手続きをし、子供の通う学校にも転校届を提出し、会社へは住所変更の連絡をして住民税の変更手続きをしてもらい、電力会社、ガス会社、水道局、ＮＨＫへも移転連絡をするなど、引っ越し前に山ほどの手続きがあった。また、引っ越し後は転入先の市役所へ行って転入届を提出したり印鑑登録の手続きをしたりしたうえで、住民票を発行してもらって警察署に行って運転免許証の住所変更手続きをし、その他火災保険の契約変更、国民年金・厚生年金の住所変更手続きなど、それはそれは大変な作業だったようだ。当時はテレワークなどなく、会社が休みの日は役所の窓口も閉まっていたので、仕方なく何度か有給休暇をとらざるを得ず、手続きにはかなり苦労したようだ。

でも今は違う。マイナンバーのポータルサイトにログインすれば、そこに住所変更の手続きのウィンドウがある。手続きとしては、ここにさらに第2暗証番号を入れた後、新住所を入力するだけだ。マイナンバーには住所や生年月日、本籍地だけでなく、健康保険情報や年金情報、子供の学校関係、電気ガス水道など公共料金関係の契約データも紐づけされている。引っ越し後に新住居に配達証明郵便で届く確認書を受領すれば、それですべて手続きは完了だ。ちなみに、マイナンバーには過去の健康診断結果や病院での受診記録や薬の処方箋なども記録されているので、どの時期にどういう病気にかかりやすいかなどがすぐにわかるし、どういう予防方法をとればよいかを定期的に健康ＡＩ君がメールで送信してきてくれる。

新しい職場は車で15分程度。毎朝、車のエンジンをかけさえすれば、あとは自動運転の愛車が職場まで運んでくれる。通勤のストレスもまったくない。交通量に合わせて、ＡＩ

で信号の時間を柔軟に伸縮しているので交通渋滞もほとんどない。週に3日会社で働き、あとの2日の勤務日は自宅でテレワークをするというスタイルにも慣れてきた。

小学生の息子は毎日家でiPadを2時間ほど触って、授業のビデオを見ている。学校では先生が個別指導のような形で、それぞれの児童の理解度に応じて復習問題や先進問題を出したりして教室の中を回っている。昔、私が受けた学校の授業は、教室で先生が教え、宿題を家でやっていたのだけど、今ではそれは反転していて、児童が一律で受ける授業は自宅でiPadを見ることになっている。教えてくれる先生は科目ごとに違うが、元予備校講師など皆教え方が抜群に上手だ。息子も画面に引き込まれるように見ている。静岡県内の小学生はみな同じ映像を見ているそうだ。授業を見てわからないことは、翌日、小学校で担任の先生に聞いて教えてもらう。学校の教室は、昔の個別塾のような雰囲気なんだろうか。そうそう、私が小さいころも、アメリカにはカーンアカデミーと言って同様の仕組みがあったようだけど、いまでは日本中でそれが主流になっている。……

・・・

あくまで空想の世界だが、現実味がないわけではない。このような世界になっているとしたら、市役所の現場はどのような業務の進め方になっているだろうか。種々の手続きに住民票の添付が義務付けられている現状は、近い将来大きく変わるだろう。その他の諸手続きも電子申請が進み、自宅にいながら種々の手続きが済んでしまう、あるいは、少なくとも自宅近所のコンビニでほとんど用は済んでしまう、という世界は近未来に大いに予想できる。住民票の発行や納税証明書の発行のために市役所の窓口が市民で混雑しているという絵図は、近い将来変わっているだろう。

市役所という組織から考えた場合、申請書類の処理や庁内部署間の連絡や調整に大きな時間を費やしている現状は、ＲＰＡやＡＩの導入によって大きく変わり、劇的な省力化が進んでいるかもしれない。ベテランでなければ答えられなかった複雑な問い合わせに対しても、１年目の職員がＡＩを活用して簡単に回答できるようになっているかもしれない。その他にも自治体組織における業務処理の仕方は激変していることが予想される。

読者の皆さんも、それぞれが携わっておられる仕事について、ＡＩが普及した20年後にどうなっているか、未来を少し想像してみてほしい。

今の私の仕事の20年後

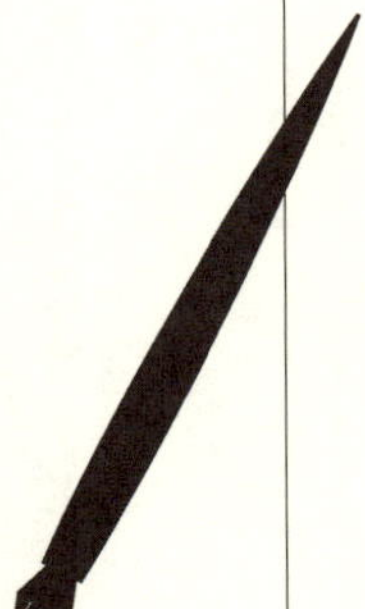

第3節　自治体でのＡＩ活用が考えられる分野

第２章では２０１８年現在進められている自治体先進事例について見たが、今後、どのような分野にＡＩが活用されていくことになるのだろうか。可能性について考えてみよう。

◆住民サービスの向上

住民は、混雑した窓口で長時間待たされることや、コールセンターになかなかつながらないということに対して、ストレスを感じることが多い。申請処理にＲＰＡを用いて迅速に処理することや、ロボットによる自動対話ができるようになれば、そういった課題も解決する。不特定多数の電話音声の認識は、現時点ではまだ難しい点が多々あるものの、おそらく今後数年以内にはそれも解決するだろう。

窓口ロビーにペッパー君を置く自治体も増えている。ただ、現状ではプログラムに十分な予算が投じられていないために、対応するペッパー君もごく単純な窓口表示程度しかできていないものも多い。本体自体のリース料はさほど高くなくても、中に搭載するソフトの開発に多額の費用がかかるためだ。今後、ペッパー君以外の自走型ロボットが開発され、競争のなかで本体価格や搭載ソフトの価格が低下していくことが予想される。近い将来、自治体窓口にはロボットが案内人として設置され、多国語に対応し、また、必要ならば随走して関連窓口まで市民を案内するということもできるようになるだろう。

さいたま市の保育所マッチングの例を紹介したが、ＡＩは、保育所や学童保育などの需要が今後どれくらい見込まれ、そのための施設や人材の手配をどうすればよいかというシミュレーションも得意分野だ。介護に関する過去の諸データ、住民登録台帳から引っ張ってきた年齢別人口、介護認定に関する申請受付状況等のデータをＡＩにより分析すれば、精度の高い需要予測も期待できる。これらの予測をもとに、政策を考えていくことができ、住民サービスの向上につながることが期待される。

この他、多文化共生施策に対応するＡＩの翻訳技術が活かされる場面も格段に増えてくるだろう。翻訳の技術はここ数年で飛躍的に向上している。以前は、単語単位で翻訳し、各国語の文法に従って並べ替えをしていたために、不自然な機械翻訳になることが多かった。だが、２０１６年11月にGoogleの無料の自動翻訳機能にディープラーニングが導入されて、翻訳の質が飛躍的に向上した。これは文法の知識をもとに翻訳しているのではない。人間による対訳データを大量に学習し、「こういう並び順で出てきた日本語の単語列は、こういう英語の単語列として翻訳されることが多い」という規則性を学んでそれを使って翻訳する。そのため、人間による翻訳に近い自然な翻訳文が作れるようになっている。

◆防災、防犯

天候情報などから災害が起きないように予防したり、起きた場合の規模や場所時間などを予測して適切な対応を示したりすることも可能だ。

地区防災計画や避難計画策定の際に、住民や他自治体からの通勤通学者をプロットしておく。住民情報として、世帯構成、高齢者の有無、寝たきり老人など要支援者の有無などの諸情報も入れておけば、時間帯別に避難誘導が可能なものが策定できる。また、それらのデータをもとに、避難所のキャパシティや緊急物資の在庫等の管理も容易になる（ちなみに倉庫管理もこれからはロボットやＡＩが活躍する。Amazon の物流倉庫は何万という棚自体がロボットにより移動して荷入れ荷出しがされるようになっている）。

ひとたび災害が発生した時の、避難勧告や避難指示のタイミングはとても難しい。

2018年7月豪雨では岡山県内のある市の避難指示のタイミングがその後批判されたりもした。しかしこれも、諸データ（河川や土地の傾斜などの地理情報、土砂災害の可能性、がけ等の危険地域の情報、各時間の雨量、河川の水量など）をAIに与えれば、人間よりも正確・適切に避難勧告、避難指示のタイミングを示すことができるようになるだろう。

防犯に関して見ると、過去の犯罪データをもとにして、どこでどの時間帯にどのような犯罪が起きやすいかを予測して対応することが可能になる。実際、米国ではかなりの数の市警本部でAIによるシステムを導入している。時間帯や季節ごとの犯罪発生周期、当日の天候や地域経済、過去の犯罪データなどさまざまな要因をAIに入れておき、犯罪の一定のパターンを見出して、その日の重点パトロール地域を決める。米国の約60の都市では「プレドポル」という犯罪予知ソフトを導入し、同様の重点取締地域を抽出することによって凶悪犯罪発生件数を減少させているという（注2）。

また日本でもフォレンジック（科学捜査）にすでに一部活用されているが、今後、顔認識技術による防犯カメラの映像データ等を活用した行方不明者の探索や指名手配犯等の検出に活用が進められるとともに、群衆行動解析技術による防犯カメラ映像データ等を活用した広場や駅周辺の警備への活用、文章認識技術によるSNSやツイッターに投稿された書き込み等からの不正データの検知やテロ等の予兆検知などへの活用もされるようになるだろう。

◆インフラの安全性チェック

第２章第５節で千葉市など道路補修効率化ＡＩについて紹介した。道路に限らず、橋やトンネルなど古くなった設備の安全性のチェックにも、ＡＩによる画像認識技術は大いに利用できる。人間による目視では見落としがしばしば発生する箇所があり得るが、コンピュータによる画像認識処理による見落としの率はどんどん低くなってきている。データ収集の課題があるが、千葉などの道路補修の例では公用車にスマホを搭載してビッグデータを収集していた。橋やトンネルの場合も、それが応用できる部分があるだろうし、センサーを取り付けるという方法もある。

老朽化が進む上下水道についても、検知の技術は発達してきている。水道に関しては、漏水監視サービスがＮＥＣから提供されている。漏水音を振動としてとらえてセンサーで検知し、そのデータを集積してクラウド上で解析することで上水道管のどこで漏水が起こっているのかがわかる。下水道管に関しても、下水道管路マネジメントシステムによって、ロボットを下水道管に入れて下水道の中を撮影し、画像解析技術を応用して下水道管内の不具合を検出することができるようになっている。

◆業務効率化

第2章では会議録等の作成や定型業務の自動化にＡＩやＲＰＡが活用されている事例を多く見た。今後はこれらの分野での活用が飛躍的に高まるとともに、窓口での申請書のチェック、入力なども、スキャナーによるＯＣＲ読み取りとＡＩによるチェックというのが一般的になっていくだろう。

他方で、個人情報保護の観点からの個人情報流出には細心の注意が必要だ。だが、これもＡＩの活用が考えられる。職員の故意・過失による情報流出や不正閲覧を防ぐために、ＡＩを活用して不正を発見、抑止することも考えられる。

◆職員業務支援

第2章で大阪市の戸籍事務について紹介したが、一定程度の知識経験が必要な業務について、業務マニュアルや先例通達、取扱い事例等をＡＩが学習することによって、職員の業務支援に役立てることは本格化していくだろう。職員による業務の精度のばらつきを防ぐとともに、人的ミスの防止にもＡＩが寄与することになる。

今後は政策立案支援の場面での活用も増えていくだろう。さまざまな統計データや、過去の事例、政策、参照すべき自治体の事例などをＡＩに学習させることによって、当該時点においてどのような政策を立案すべきか、いくつかの提案をしてくれるようにもなるかもしれない。

政策法務の分野でもＡＩは職員を支援してくれるようになるだろう。法令はe-govで、また、条例・規則は例規データベースで、いずれもインターネット上で公開されている。これらをＡＩが読み込んでいって、さらに当該自治体のルールなども参照しつつ、新しい条例案、規則案を作成することは技術的には可能だ。さらに、それが法律に反しないか、これまでの条例に矛盾していないかもチェックしてくれる。

◆自治体財政支援

滞納者の分析や不正発見もＡＩを活用できるようになるだろう。滞納者のパターンや徴収効率のあがった事例をインプットしていき、ＡＩがより効率的な徴収施策を提案してくれるようになるだろう。現在、市税コールセンターを自治体内に設置して民間委託している自治体は２００ほどにのぼり、奈良県市町村税納税コールセンターのように庁舎外（この場合は大阪市内）に設置する事例も出てきているが、そもそもどのような世帯がどのような時期にどういう理由で滞納しているのかのデータを分析している例は少ない。ＡＩにこれらのデータを入れることによって、滞納者との接触率、納付約束の取り付け率、さらには徴収率の向上につながっていくだろう。

また、自治体財政圧迫の大きな要因となっている医療費、介護費削減への活用も考えられる。医療費、介護費の予測とその要因分析にＡＩを用いて、将来的な予防策の策定につなげることも考えられる。

国保システムから病院や薬局などの医療サービスの利用状況を取得して、将来の介護サービス利用予測につなげることも可能だ。

◆公共交通への応用

従来のオンデマンド型公共交通は、中規模あるいは小規模のエリアで、過疎地域の高齢者などをターゲットとして取り組まれてきた。だが、ＡＩによる需要予測とバスやタクシーなどの複数の交通手段の配車システムとを組み合わせれば、都市地域において不特定多数を対象としたフルデマンド型の公共交通を実現することも可能だろう。事前予約を前提とせず、市民が乗りたいときに呼び出し、それがクラウドから配車システムの地図にプロットされ、現在走行中のバスなどに伝えられて、ピックアップしていく。すでに函館市で実証実験が展開されており、将来的には、法律的な壁や利害関係者の壁を乗り越えれば、実用化はそう遠くない。

以上、考えられる具体例を挙げてきたが、その他にも、さまざまな分野での活用が考え得る。

行政情報システム研究所（総務省系の一般社団法人）が、「人工知能技術の行政における活用に関する調査研究報告書」（2016年3月）を公表しているが、

表4－3　人工知能技術の処理目的別分類

(a)　情報（音声、画像、文章等）の判別や仕分け、検索を行う
(b)　情報（音声、画像、文章等）に基づいて、状況を的確に把握する
(c)　異常や不正が発生するリスクを評価する／異常や不正の発生（の予兆）を検知する
(d)　将来の動向、変化等を予測する
(e)　複数の候補の中から、条件等に合致する最適な「お薦め候補」を抽出する
(f)　随時変化する状況に合わせて、即時に対応策を判断する
(g)　文書や図、デザイン等を生成する

出所：行政情報システム研究所「人工知能技術の行政における活用に関する調査研究報告書」9頁

その中で、ＡＩの処理目的別分類を掲げている（表４－３）。(a)～(g)の具体例としては、次のものがあげられている（同報告書14－16頁）。

(a) 情報（音声、画像、文章等）の判別や仕分け、検索を行う

・収集、把握した情報（国民等からの意見、インターネット上のニュース記事等）を、内容に応じて分類する

・過去に作成した文書（各種法令、特許等）との共通性を有する情報を検索する

(b) 情報（音声、画像、文章等）に基づいて、状況を的確に把握する

・収集、把握した情報（国民等からの意見、インターネット上のニュース記事等）の内容を評価（賛成・反対／良し悪し／対応の優先順位付け等）する

・被災地を撮影した写真から被災状況（被害の程度）を把握する

(c) 異常や不正が発生するリスクを評価する／異常や不正の発生（の予兆）を検知する

・映像や音声等から経験的な判断によって、異常（老朽化や故障）や不正行為等やその度

合を評価し、調査対象としたり候補を選定する
・各種審査や検査等の基準に合致しない申請等を抽出（検知）する
・テロ等の破壊行為、脱税、麻薬取引、コンピュータウィルス等のサイバー攻撃等の発生（又はその予兆）を検知する

(d)　将来の動向、変化等を予測する

・年度等の単位で計画を策定する際に、各種サービスの利用見込み件数、必要な予算等を推計する
・政策を実行する前に、その影響、効果等をシミュレーションする
・災害（洪水等）、犯罪、渋滞等の発生確率等を予測し、国民等に分かり易い形で周知する
・観光振興策を検討するために、観光客の動向（いつ、どこに、何人訪れるか等）を予測する

(e)　複数の候補の中から、条件等に合致する最適な「お薦め候補」を抽出する

・選定条件等を満たす最適な人、事業者、物等を選択する
・求職者に対して、希望する職業、職歴等を踏まえて、最適な求人案件を紹介する
・国民の年齢、家族構成、発生したライフイベント等に応じて、必要となる行政手続をリストアップし、その手順等を案内する
・職員の能力や特性に応じて、最適な教育プログラムを提供する
・政策を実施する際に、地域、対象者、事業内容等、複数の候補を評価し、最適な対象、組合せを判定する

(f) 随時変化する状況に合わせて、即時に対応策を判断する

【平時】
・苦情、問い合わせ等を受け付けて、対面、電話等でやり取りしながら、即時に応答内容を判定する
・予算の執行状況、計画の進捗状況等を評価し、その都度、対応策を判断する
【緊急時】
・災害等の状況に応じて、即時に対応策を判定する

(g)　**文書や図、デザイン等を生成する**

・過去の類似する文書との整合性を確認しながら、新たな法律案や調達仕様書案等を作成する

・対象者の属性等に応じて、理解しやすさ、使い勝手等を考慮した文書やWebサイト、施設等のデザインを行う

第４節　ＡＩ時代に求められる人材、自治体で求められる人材

さて、今後ＡＩの普及に伴い、人間にはどのような能力が求められるようになってくるのだろうか。自治体ではどういう人材が求められることになるのだろうか。本節ではこの点について考えていきたい。

総務省の「ＩＣＴの進化が雇用と働き方に及ぼす影響に関する調査研究」では、大規模なアンケート調査を行っている。日米の就労者に対するもので、それぞれ機械化可能性が高いとされる職業と、低いとされる職業の人を対象として行われた。

表4－4　就労者アンケート調査への回答者数

	日本	米国
機械化可能性が高いとされる職業	553	551
機械化可能性が低いとされる職業	553	554

図4－3　AIの活用が一般化する時代における重要な能力

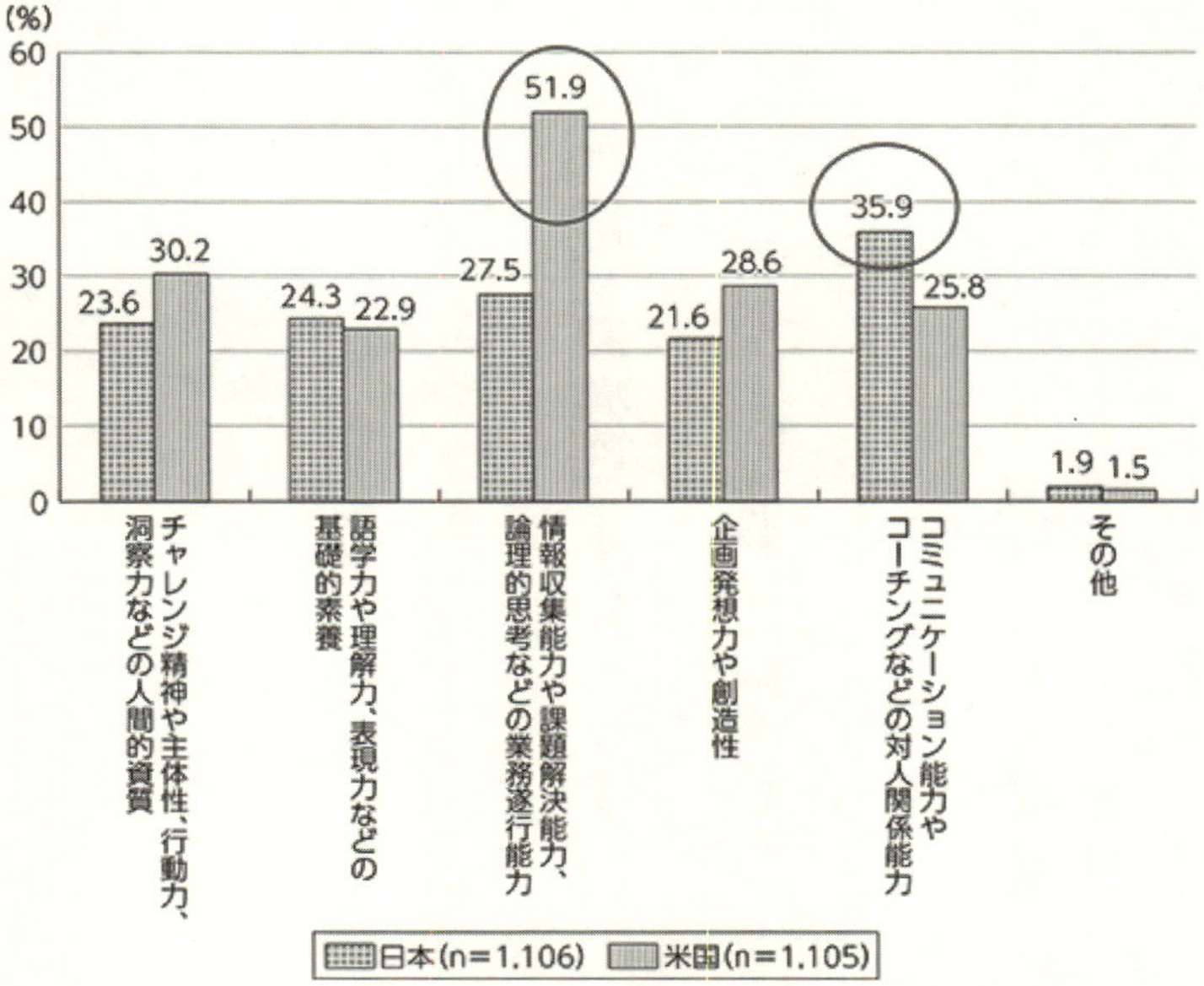

出所：図4－3、4－4ともに総務省「ICTの進化が雇用と働き方に及ぼす影響に関する調査研究報告書」（2016年）より。『平成28年版　情報通信白書』255頁（図4－3）、254頁（図4－4）で引用
http://www.soumu.go.jp/johotsusintokei/whitepaper/ja/h28/html/nc144110.html

調査の中に、「ＡＩの活用が一般化する時代に求められる能力として、特に重要だと考えるものは何か」という問いがある。米国の就労者は「情報収集能力や課題解決能力、論理的思考などの業務遂行能力」が求められると回答した人が51・9％と圧倒的に多い。一方、日本の就労者は「コミュニケーション能力やコーチングなどの対人関係能力」が求められると回答した人が35・9％と最も多かった（図４－３）。

報告書は、「ＡＩを使いこなす能力が必要と考える米国と、ＡＩをみんなで使えるようにする能力が必要と考える日本では、ＡＩに向き合う姿勢や意気込みが大きく異なっている。」としている（注３）。

調査では、有識者（ＡＩなどＩＣＴを専門とする研究者及び経済学や社会学を専門とする有識者）にもアンケート調査を行っている（回答者は27人）。彼らに、ＡＩの活用が一般化する時代に求められる能力として特に重要だと考えるもの、を尋

図４－４　AIの活用が一般化する時代における重要な能力

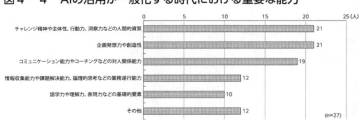

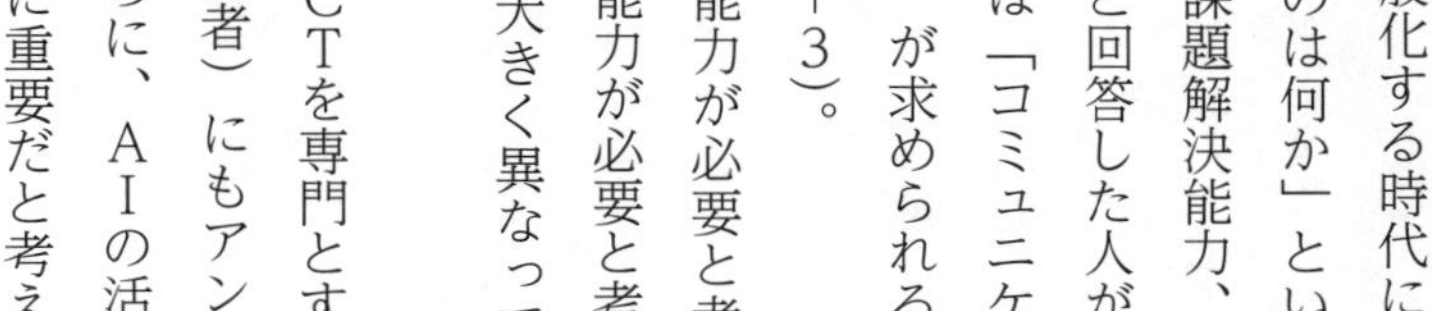

ねたところ（複数回答）、「業務遂行能力」や「基礎的素養」よりも、「チャレンジ精神や主体性、行動力、洞察力などの人間的資質」「企画発想力や創造性」や「コミュニケーション能力やコーチングなどの対人関係能力」を挙げる人が多かった（図4－4）。

ここからは、人間的資質、発想力や創造性、対人関係能力が、今後のＡＩ時代に人間に求められる能力となっていくことが示唆されている。

ＡＩやＲＰＡの導入が進む金融関係ではどうだろうか。先に第3章第2節で三井住友フィナンシャルグループの宮田氏の話を引用したが、どのような人材が今後求められるかについての回答は次の通りであった。

（いま、銀行が求める人材とは？という問いに対し）

これまで以上により人間的な洞察力・教養・好奇心・共感性・コミュニケーション能力があるバンカー、ＡＩにはできない仕事をできる人間です。ＩＴリテラシーが高いに越したことはありませんが、どこまで時代が進んでも、私たちの仕事の相手は感情を持った人間なのです。ビジネスでは過去の積み重ねだけでなく、誰も知らない未来を予測し、答えのわからないなかで重要事項を決断し実行していく精神力や忍耐力も求められます。

泥臭いかもしれませんが、目の前の人がどのような人生を歩みたいと思っているのか、課題や喜びを共有し合える人間力こそが、私たちが求めるものなのです。

これは、銀行に限ったことではなく、多くの職業分野にある程度共通のものではないか。自治体においても、仕事の相手は感情を持った人間――住民である。

自治体の例として、迷惑施設の建設に伴う住民説明会を考えてみよう。反対する住民も大勢予想される説明会は、担当部署にとっては大きな山場だ。当然、説明用資料は念入りに作成しなければならない。種々のデータを渉猟したうえで、エクセルに落とし込み、そこから見やすいグラフを作成していく。説得材料としての過去の経緯なども要領よくまとめなければならない。当日の進行はプロジェクターでパワーポイントを投影して説明するという段取りとなっている。パワーポイント資料の作成も念入りにする必要があるだろう。現状では、これらの資料作成に担当課総がかりで相当時間を費やしている場合が多い。

だが、将来的には、データを探索してきたり、過去の経緯をまとめたり、グラフを作成したり、パワーポイントを作成したりといった作業は、人間が方向性を示しさえすれば、あとはＡＩやＲＰＡが代替してくれるようになるだろう。「資料作成」という作業は、人間でなくてもできるようになる。

しかしながら、住民を前にして説明するということ、質問に的確にこたえるということは人間でなければできない。もちろん、説明資料を読み上げるだけならば、ペッパー君を持参してそれに代替してもらうことも可能だろう。しかし、説明の相手は感情を持った人間である。住民から出された質問や意見をうまく咀嚼して、回答し、最終的に納得してもらうためには、誠心誠意説明する姿勢の人間、政策を進めようとする自治体職員でなければならない。

ＡＩやＲＰＡがこれまで以上に進化したとしても、対人サービスの分野ではやはり人間でないとできない業務が数多く存在する。

野村総合研究所のレポートでも、医師・看護師やデザイナーの代替率はほぼゼロだ。これらの業務はＡＩを少し利用する部分はあるものの（例えば、医療カルテのクラウド化と類似データからの最適療法の提案など）、対人サービスは人間が行うことに変わりはない。

また、コミュニケーションを図って進める営業活動の代替率は低く（1割前後）、人間の活躍が引き続き期待される。さらに、まったく新しいものを生み出す想像力や人と人との信頼関係をつくるコミュニケーション能力はＡＩにはない。事実に基づく膨大なデータをもとに判断するＡＩにはまったく新しい事業のアイデアは出てこないし、人心掌握が重要な営業やマネジメントの仕事をＡＩが代替することは困難だ。

オズボーン博士らの報告書においても、「創造的作業を伴う仕事は依然として自動化が最も困難な職種の中にとどまっている」「自動化が困難な仕事の大半は、複雑な社会的交流が必要とされる作業を伴う」としている（同報告書11頁）。

今後、自治体職員の業務は、このようなＡＩが不得意とする業務にシフトしていくことになるだろう。自治体業務のうち特に対人業務にかかわる分野、他者との協調性が必要な業務、さまざまなアクター間の調整業務、創造性が求められる業務、などがそれに当たると考えられる。ＡＩを使いこなすことによって生まれた時間的なスラック（ゆとり）を利用して、現在は十分な時間がかけられていないことへ時間をかけることができるようになる。住民との直接的なコミュニケーションに割ける時間を作り出すのがＡＩ活用だともいえる。

なお、ＡＩ人材は今後日本では圧倒的に不足することが予測されている。大学院卒のＡＩ専門家は、新規採用の場合日本企業での給料は他の院卒と大きな違いはなく、高くても６００万円程度と思料されるが、中国や米国では破格の待遇で迎えられることも多く、Googleは優秀な院卒ＡＩ人材を世界中から初任給年収20万ドル（約２２００万円）で集めているともいわれている。日本企業が太刀打ちできる金額ではなく、まして、自治体がＡＩ人材を採用することは、今の自治体の給与体系から考えると絶対不可能だ。

その場合、外部の専門家の支援が不可欠となってくる。必要なのは、業務課題を的確に理解したうえで（自治体業務を十分把握したうえで）、適切なＡＩのアルゴリズムを選択したり提案できることだ。後者に長けていても、自治体業務の理解がなければ的外れな提案をしてきてしまう。そこで、自治体の側にも、技術と、自治体業務の両方を理解できるような「橋渡し人材」が必要になる。この人材は大学院でＡＩや数理モデルを専攻した人である必要はない。文科系の人間であっても、ある程度の研修を受けて、ＡＩのアルゴリズムの種類や統計モデルの概要を学んでおいて、外部からの提案を読み解くことができればいい。そのような研修の場を、自治体関連の研修所（自治大学校、市町村アカデミー、全国市町村国際文化研修所）などで設ける必要も出てくるだろう。

昔の優秀な職員は、今は優秀ではないかも知れない。優秀な職員とは、「場の目的にどの程度貢献しているか」という基準をもって人を評価した表現である。自治体という「場」の目的とそこから派生する評価基準は、常時変化している。「場」が変化すれば評価基準は変化し、個人は「優秀な人材」から「優秀でない人材」へ、逆に「優秀でない人材」から「優秀な人材」へと変化する。

例えば厳しいかもしれないが、「作業しているだけの職員」「思考停止状態の事務屋」では、とてもこれからの自治体を支えていくことはできない。ＡＩ新時代、地方自治新時代を支えるために職員の能力を飛躍的に向上させる必要がある。

コラム

松尾豊氏はＡＩの技術が進めば、人文社会学的議論が重要になるとする（図４－５）（注４）。自治体職員にもこのような議論ができる人材が求められるのだろう。

図４－５

重要になる「人文社会学的」議論

- 人工知能技術が進めば進むほど、「与えられた目的」に対して、それを実現する手段は賢くできるようになる。
- そうすると、与える目的自体の是非の議論のほうがより重要になる。
- なにが社会で大事なのか？
- 個人の幸せや社会全体の幸せはどのように考えればいいのか？
- 異なる価値観のものをどのようにバランスさせればいいのか？
- 人文社会学系の議論が今後、重要になる。
  ―特に、哲学、政治学、社会学、法学、心理学、経済学など。

第5節 ＡＩ新時代に向けて自治体の人事部門がやるべきこと

以上見てきた将来予測を前提として、中長期的な人財戦略はどのように考えればよいのだろうか。ポイントは、対人能力、コミュニケーション能力、調整能力、そして創造性の向上である。それらを備えた人財を、組織の経営戦略に紐づけつつ育成していく必要がある。以下、いくつかの項目についてみていきたい。

◆人財戦略見取り図―人材育成基本方針―の見直し

組織全体として人財戦略をどのように考えるのか。その見取り図が人材（財）育成基本方針だ。職員の能力開発を効果的に推進するため、必要な人財を明確に定義し、その育成方策を明確に位置付けるチャート（海路図）が基本方針であり、人事給与諸制度がそれにもとづいて有機的に機能するよう連携がとれているというのが人財戦略である。ＡＩ新時代を見据えて、人財戦略の見取り図を再構築する必要がある。

◆採用戦略

人財育成の原点は採用にある。貴重な原石を採用し、それに磨きをかけるのが人材育成だ。これまで自治体の採用試験は筆記試験至上主義を貫いている場合が多かった。これは民間における人財獲得（人物重視）や国家公務員の採用（人事院試験では筆記が優勢であるものの、各省庁への採用は面接試験のみ）とは大きく異なるものだった。有力者からの口利き（縁故主義）を避けるためにやむを得なかった時期もあるが、もはやそのような時代ではない。15年後に必要となる人財をいかに獲得するかがポイントだ。民間企業もいまやＡＩ時代を見越して営業能力の高い人材、コミュニケーション能力の高い人材を積極的に採用している。すでに、民間獲得人財とかけ離れる採用に危機感を感じ、新方式の採用試験をスタートさせているところも増えてきた。奈良県生駒市は、大卒事務職のすべてについて、１次（ＳＰＩ、全国のテストセンターで受検）、２次（面接）、３次（面接、小論文）、４次（面接）の試験で採用を決定している。民間企業と類似の試験形態だ。15人の募集に１０００人程度の応募があり、そこからコミュニケーション力の高い人材を獲得できているという。筆記試験を敬遠して民間へ流れてしまっていた人材を公務員に戻すとともに、コミュニケーション能力の低い人材を採用してしまうリスクを軽減する役割を果たしており、今後、多くの自治体への広がりが予想される。

◆初任配属と異動戦略

採用後3年間はきわめて重要だ。長期的なキャリア形成には新人として配属された直属上司との関係が大きな影響を及ぼすことが研究からも明らかになっている。同時期に同じ基準で採用した者も3年経てば業績や能力に差が出てくるが、その差は本人の潜在能力の差や受講した研修の差よりも、仕事に対するモチベーションの問題と、直属の上司の指導の質によるものが大きい。管理職のマネジメント能力の向上も人財戦略に欠かせない。

管理職の仕事のうちもっとも重要なのはジョブアサインメントである。これは、組織の目標を踏まえ、部下に行わせる職務を具体化した上で割り振り、その職務を達成するまで支援することを指す。その過程で、部下をいかに励まし、自己効力感（自己に対する信頼感や有能感）を持たせるかがポイントとなる。この自己効力感がモチベーションを刺激し、行動につながり、結果を出してさらに自己効力感を増すことになる。この循環が人を成長させる。自己効力感を持つ要因としては、達成経験が最も重要だが、代理経験（他人の達成や成功の観察)、言語的説得も重要な役割を果たすとされる。職務機会や面談を通じて部下をコーチングできる能力を管理職が身につける必要がある。それもまた、人財戦略の中にしっかりと組み込んでおく必要がある。

異動が人を伸ばす重要な機会であるのは間違いない。経験学習が人の成長の7割を占めると心理学者コルブは指摘する。これまでは本人の適性ということから、コミュニケーション能力の低い職員を市民対応の少ない部署に回す異動が多かったが、そのような職場は今後15年でかなり少なくなっていく。将来を見据えた場合に、コミュニケーション能力が必要な部署に積極的に配属して経験学習の機会を作る必要がある。

◆人財戦略に組み込まれた人事評価

10年以上前に策定した人材育成基本方針をそのまま掲げつつ、地方公務員法が改正されたので付け焼刃で人事評価制度を構築したという自治体も多いが、それでは意味がない。基本方針でどのような人財を求めるのかをしっかりと明示し、その実現のために必要となる能力・姿勢と、人事評価における評価項目とを関連付ける必要がある。それぞれの評価項目の評価基準を明示することにより、組織として求める行動等が評価につながり、また公平性・透明性も担保される。職員の目指すべき方向性と評価者の側の育成ビジョンも明確になる。基本方針と人事評価の評価項目を共通の言葉で表現して、組織内での共通理解を進めることが必要だ。

以上みてきたように、ＡＩ時代にも不可欠な能力を有する人財を採用し、その人財の配属場所でマネジメント能力の高い管理職によるジョブアサインメントを通じて経験学習をさせ、また、異動により経験学習を積ませることにより、人間にしかできない仕事に関する能力を高める戦略を構築することが今後の人財戦略となると考えられる。各自治体ではそうした観点から人材（財）育成基本方針を抜本的に見直して有機的に機能させることが必要になるだろう。

第６節 自治体におけるAI導入の課題

自治体でもさまざまなＡＩの取り組みが始まっている。これから取り組みを始めようとする自治体、あるいはすでに始まっている自治体にとっての課題は何か。

◆予算の課題

まず第1に、予算の問題がある。独立行政法人や大学が無償で実証実験を行ってくれる場合はよいが、企業との提携でいうと費用が発生する。その予算化を財政担当部門が認めてくれるかという点があげられる。

だが、今後、各自治体単体で開発したものではなく、全国的に汎用性のあるもの（特に法定受託事務にかかるものなど）や、自治体間で類似性のあるものなどは、全国の各自治体がそれぞれ予算措置をするのではなく、複数の自治体の分担金で共同利用するという形態も考え得る。また、ＡＩケアプランに関して厚生労働省が検討しているように、国の省庁の方でシステムをつくることも考えられてよい。

◆組織風土という課題─現場の理解

第2に、ＩＣＴ推進課が予算措置をして、推進しようとしても、原課の強い抵抗にあってしまうことが多い。セキュリティの問題、というのを前面に立ててはいるものの、その実は、新しいことへの挑戦を避ける風土が抵抗の主要因である場合も多い。

個人情報保護の問題に関して見ると、職員向けの業務支援、会議録作成などについては、個人情報を扱うことは少ない。第2章第1節で見たチャットボットについては、現在のところ個人情報を扱うものは少ないが、今後、移住問い合わせの際に家族データを入力したり、子育て支援の問い合わせに際して子供の年齢や居住地についてのデータを入力したりする場面も出てくるだろう。そのような場合には、個人情報の保護を守る仕組みが必要だ。第2章第7節でみた保育所マッチングや、同章第8節で見たケアプラン作成においては、企業に情報を渡す際に匿名化したデータでの処理が行われている。同章第5節で見た道路補修画像についても、映り込んだ個人情報にかかわるものはしっかりと処理するとされている。このように、個人情報保護の問題への対策や、セキュリティ対策をしっかりと整えたうえで、原課の消極的な態度を改めてもらうようにICT推進課は粘り強く説得する必要がある。

AIの導入は、従来慣れ親しんできた自治体業務遂行に大きな変革をもたらすものだ。組織変革はいつの時代にも困難を伴うが、とりわけ、人から機械への業務移転を伴うAIの導入による組織変革は、大きな課題が予想される。ICT戦略室の職員など、トップからAI導入の検討指示を受けた者以外の、多くの自治体職員は、AI導入に伴う変革に大きな抵抗を示すことが多い。なぜだろうか。

自治体職員の多くは、就職直後は新鮮な気持ちで一から仕事を覚えようと努力している人が多い。だが次第に読書量が減っていったり、人によっては新聞すら読まなくなってしまったりしている。日常業務に追われ、いつの間にかルーティンをこなすだけの「作業するだけの職員」になってしまっている人もいる。

「前例踏襲能力」（やや批判の意味を込めて書いている）の優れた自治体職員は、「できません。なぜならば、これだから」という説明能力が素晴らしかった。分析は非常にできる。「なぜならば、こういう前例があるからできない」ということを真っ先に考えようとする癖がついている。そうであるが故に、前例にとらわれて新しい一歩が踏み出せない。

だが、社会情勢が常に動いている現代、また、ＡＩなどによる第４次産業革命が進行中の現代においては、できない理由を探すのではなく、未来思考で「できる方法を探す」ことが必要だ。できない理由は、誰でも列挙することができる。だが、困難にぶつかったときにそれを突破する方法を探すのは非常に難しい。それができる人材が求められている。

◆橋渡し人材の不足という課題

第3に、AIと業務との橋渡しをできる人材が欠けていることが挙げられる。プログラミングをできる人材がいるに越したことはないが、民間でも現在AI人材は奪い合いだ。将来的には相当数の不足が予想されている。先に見たように、Google本社では新卒のAI人材を20万ドル以上で採用している例も多いという。日本ではそのような極端な例はまだ少ないが、はっきりいって自治体の給与水準ではAI人材を集めるのは不可能である。だが、AIについての基礎的な学習を行って、事業者などと会話のできる人材を育成することは急務である。

◆人員削減に対する過剰な不安という課題

第4に、ICT化推進の時に議論になったように、AIの導入によって人手がいらなくなった分、人員削減につながるのではないかという危惧が職員団体等から提起される可能性が挙げられる。確かにAIの導入により、従来手作業で行っていたホワイトカラーの業務のかなりの部分が自動化され得る。しかし、その浮いた時間で、職員はよりレベルの高い調整業務や対人サービス、コミュニケーションが求められる仕事、創造性を発揮する仕事にシフトしていくことができるし、何より、働き方改革にも貢献することができる。

◆データ整備の課題

第５に、学習済みデータの確保の課題も挙げられる。猫の画像はインターネット上でいくらでも入手可能であるが、道路補修のためのデータは車を多数走らせる必要があるし、チャットボット型のＡＩについても多数の回答を用意しなければならない。全庁的に規格が統一されたデータがあるか、なければどのように収集するか、などが課題となる。この点、法定受託事務にかかわるものなど全国的に共通のものであれば、先進自治体からデータの供与を受けたりすることも可能であろう。また、自治体間で連携して、学習済みデータの収集に努めるような取り組みがあるのが望ましいし、それを支援する政府系の組織があってもよいだろう。

◆業務プロセス見直しという課題

第６に、現状の事務フローが標準化されていないものが多数あり、そのようなものはＡ

I化によるメリットは少ないと考えられる。各自治体独自の事務処理作業手順があるために、全国的な共通仕様を作ることはなかなか困難な場合も多い。この点は、金融機関で全国の支店が共通の事務フローを持っていることからAI化が容易であるのと対照的だ。今後は、AIに読み込ませるデータを生成することも事務フローに組み込んで、業務プロセスを根本的に見直すことも必要になってくるだろう。それがきっかけとなってBPR（ビジネス・プロセス・リエンジニアリング：抜本的な業務改革）が進むことも期待し得る。

◆問題発生時の責任の所在という課題

自動運転車が事故を起こしてしまった場合、誰が責任を負うのかが議論されている。日本損害保険協会が2016年6月に出した報告書では、人間による手動運転が介在するレベルであれば、自賠責法と民法による責任が人間の運転者に問われる。しかし、人間による操作が一切発生しない完全自動運転のケースは、「従来の自動車とは別のもの」として、「安全基準、利用者の義務、免許制度、刑事責任などについて抜本的に見直したうえで議論が必要」としている。

自動運転に関しては、倫理問題として「トロッコ問題」がある。途中で分岐している線路上を走っているトロッコのブレーキが壊れてしまった。このまま直進すればその先にいる５人の人間が犠牲になるが、分岐点でレバーを引いて右に進めばその先には１人しかいないので犠牲者は１人で済む。どちらを選ぶのが正解か、という問題だ。道路上で急に飛び出してきた子供をよけるためにハンドルを切れば通行人に犠牲者が出る。ＡＩによる自動運転車にはこの場合どのようなプログラムを組んでおけばよいか、という問題につながる。

ただ、自治体で導入が考えられているＡＩに関しては、今のところ上記のような深刻な課題は少ない。今後、導入の進展に応じて検討されていくべき事項だろう。

以上に見てきたように、さまざまな課題は存在する。しかしそれらを克服してＡＩの導入を進めることが、①住民サービスの向上（自治法２条14項）、②職員の業務負担軽減、人件費削減、③新しい行政サービスの創設、などにつながると考えられる。

自治体はできない理由を列挙するのではなく、できる方法を探す時代に入っている。

注１　毎年４月１日現在の数字が12月ごろ公表されるため、２０１７年４月１日現在のものが執

筆時点（２０１８年８月）での最新数値である。

注２　日本経済新聞２０１５年２月19日付。

注３　総務省「ＩＣＴの進化が雇用と働き方に及ぼす影響に関する調査研究報告書」43頁。

注４　ＡＩネットワーク化検討会議（旧称：ＩＣＴインテリジェント化影響評価検討会議）第１回（２０１６年２月２日）会議、資料８松尾構成員ご発表資料、33頁。
http://www.soumu.go.jp/main_sosiki/kenkyu/iict/02iicp01_03000057.html

●著者紹介

稲継　裕昭（いなつぐ・ひろあき）早稲田大学政治経済学術院教授

大阪府生まれ。京都大学法学部卒。京都大学博士（法学）。大阪市職員、姫路獨協大学助教授、大阪市立大学教授、同法学部長などを経て、2007年より現職。

政府委員・自治体審議会委員等多数。

著書・編著として、『自治体の人事システム改革―ひとは「自学」で育つ』『プロ公務員を育てる人事戦略―職員採用・人事異動・職員研修・人事評価』『プロ公務員を育てる人事戦略PART ２―昇進制度・OJT・給与・非常勤職員』『自治体行政の領域―「官」と「民」の境界線を考える』『評価者のための自治体人事評価Q＆A』（以上、ぎょうせい）、『日本の官僚人事システム』『人事・給与と地方自治』『行政ビジネス』『震災後の自治体ガバナンス』（以上、東洋経済新報社）、『公務員給与序説』『地方自治入門』（以上、有斐閣）、『自治体ガバナンス』（放送大学教育振興会）、『シビックテック―ICTを使って地域課題を自分たちで解決する』『（翻訳）テキストブック政府経営論』（以上、勁草書房）、『現場直言！自治体の人材育成』『現場直言！プロ公務員の変革力―成功をもたらす７つの力』『この１冊でよくわかる！自治体の会計年度任用職員制度』（以上、学陽書房）、『東日本大震災大規模調査から読み解く災害対応―自治体の体制・職員の行動』『分権改革は都市行政機構を変えたか』（以上、第一法規）、『大規模災害に強い自治体間連携』（早稲田大学出版部）ほか多数。

AIで変わる自治体業務―残る仕事、求められる人材

平成30年10月30日　第１刷発行
平成31年２月28日　第３刷発行

著　者　稲継　裕昭

発　行　株式会社ぎょうせい

〒136-8575　東京都江東区新木場1-18-11
電　話　編集　03-6892-6508
　　　　営業　03-6892-6666
フリーコール　0120-953-431

URL：https://gyosei.jp

〈検印省略〉

※乱丁・落丁本はお取り替えいたします。　印刷　ぎょうせいデジタル㈱
©2018 Printed in Japan
ISBN978-4-324-10544-3
(5108448-00-000)
［略号：AI自治体］